Mehrsprachigkeit im Alltag von Schule und Unterricht in Deutschland

Yüksel Ekinci / Habib Güneşli

Mehrsprachigkeit im Alltag von Schule und Unterricht in Deutschland

Eine empirische Studie

PETER LANG
EDITION

Bibliografische Information der Deutschen Nationalbibliothek
Die Deutsche Nationalbibliothek verzeichnet diese Publikation
in der Deutschen Nationalbibliografie; detaillierte bibliografische
Daten sind im Internet über http://dnb.d-nb.de abrufbar.

ISBN 978-3-631-66767-5 (Print)
E-ISBN 978-3-653-06434-6 (E-Book)
DOI 10.3726/978-3-653-06434-6

© Peter Lang GmbH
Internationaler Verlag der Wissenschaften
Frankfurt am Main 2016
Alle Rechte vorbehalten.
Peter Lang Edition ist ein Imprint der Peter Lang GmbH.

Peter Lang – Frankfurt am Main · Bern · Bruxelles ·
New York · Oxford · Warszawa · Wien

Diese Publikation wurde begutachtet.

www.peterlang.com

Danksagung

Die vorliegenden empirischen Daten dieser Studie konnten Dank der Unterstützung der Kultusministerkonferenz deutschlandweit verbreitet werden. Ohne der tatkräftigen Unterstützung der KMK hätten wir weder eine große Anzahl an Schulen noch die Lehrkräfte erreichen können. Der Landesweiten Koordinationsstelle der Kommunalen Integrationszentren, im Besonderen ihrer Leiterin Frau Christiane Bainski, danken wir für die Weiterleitung der Studie an die Kommunen. Frau Lisa Bollmann, Bezirksregierung Detmold, gilt unser Dank für die Kooperation und Unterstützung. Ein besonderer Dank geht an Frau Dr. Aysun Aydemir (Integrationsbüro Lünen und Vorsitzende des Elternverbandes NRW FÖTEV) und Herrn Schulamtsdirektor Bernhard Nolte der Stadt Dortmund, die die Studie an viele Schulen weiterempfohlen haben. Für die anfängliche Recherchearbeit danken wir den Lehramtsstudentinnen Julia Grubert und Zeynep Karaboğa. Für die ideelle Unterstützung und fachliche Diskussion bedanken wir uns bei Herrn Prof. Dr. Ludger Hoffmann (TU Dortmund) und bei Frau Prof. Dr. Gudrun Marci-Boehncke (TU Dortmund). Danken möchten wir auch Frau Hilal Günday und Dr. Ahmet Arslan. In der Erstellungsphase des Online-Fragebogens war der inhaltliche Austausch mit den beiden praktizierenden Lehrkräften sehr fruchtbar. Ein weiterer Dank geht an Frau Mechtild Miketta (Schulleiterin/ Schule am Marsbruch Dortmund) und Herrn Cuma Ulusan (TÜBI Köln) für die Weiterleitung der Studie. Nicht zuletzt bedanken wir uns bei den vielen Schulamtsdirektor_innen und Schulleiter_innen, die wir nicht alle namentlich aufführen können. Selbstverständlich bedanken wir uns auch bei allen Lehrer_innen, die uns mit ihrer Teilnahme im Hinblick auf das Thema Mehrsprachigkeit einen Einblick in ihren Schul- und Unterrichtsalltag ermöglicht haben. Ohne ihre tatkräftige Unterstützung hätte diese Studie nicht entstehen können. Für das Lektorat bedanken wir uns bei Tobias Keßler.

Bielefeld und Dortmund, im Herbst 2015
Yüksel Ekinci und
Habib Güneşli

Inhaltsverzeichnis

Abkürzungsverzeichnis

DaE	Deutsch als Erstsprache
DaZ	Deutsch als Zweitsprache
ESU	Erstsprachenunterricht
FSU	Fremdsprachenunterricht
Gw-Fächer	Gesellschaftswissenschaftliche Fächer
HSU	Herkunftssprachenunterricht
kmbmH	Kein migrationsbedingt mehrsprachiger Hintergrund
L1	Erstsprache
L2	Zweitsprache
LmF	Lehrkräfte mit Fortbildungserfahrungen
LoF	Lehrkräfte ohne Fortbildungserfahrungen
mbmH	Migrationsbedingt mehrsprachiger Hintergrund
MN-Fächer	Mathematisch-Naturwissenschaftliche Fächer
MK-Fächer	Musisch-Künstlerische Fächer
Sek I	Sekundarstufe I
Sek II	Sekundarstufe II
SL-Fächer	Sprachlich-Literarische Fächer
Sst	Schulstunde(n)

Abbildungsverzeichnis

15

Tabellenverzeichnis

Vorwort von Prof. Dr. Ludger Hoffmann

Schulisches Lernen ist sprachabhängig, in allen Fächern. Wenn nun ein großer Teil der Schüler_innen mehrsprachig ist (Deutsch ist zweite oder dritte
Sprache) bedeutet das, dass der Wissensaufbau in der Schule durch die Do-
minanz des Deutschen und die Konfrontation mit einer über das Deutsche
vermittelten Terminologie gerade am Anfang gestört werden kann. Wenn
der Unterricht immer auch Spracherwerb beinhaltet, müssen die Vermittler
das berücksichtigen und – wo immer möglich – andere Sprachen einbezie-
hen oder in Lerngruppen zulassen, um ein weiteres Vermittlungsmedium
zu haben. Das heißt nicht, dass Mehrsprachige ein Defizit hätten, sie haben
die Möglichkeit einer besonders differenzierten Wissensorganisation, man
muss aber ihre Ausgangssituation berücksichtigen, den Wortschatzerwerb
und die Kommunikationsfähigkeit fördern und – im Blick auf die Zukunft
dieser Kinder – den Ausbau ihrer Erstsprache insbesondere bis hin zur
Literalität ermöglichen. Wenn Sprache als Leitmedium des Unterrichts in
der Form der Mehrsprachigkeit auftritt, ergibt sich für *alle* Schüler_innen
eine Sprachlernsituation, die in passenden Lerngruppen für Phasen des bilingualen Unterrichts genutzt werden kann. Damit wird die sprachliche
Kompetenz enorm gefördert: Mehrsprachigen Kindern kann der Zugang
zur Unterrichtssprache erleichtert werden; Einsprachige bekommen Zu-
gänge zu anderen Sprachen unserer Gesellschaft und können durch die
Konfrontation mit einer anderen Sprache die nötige Distanz zur eigenen
Sprache gewinnen, die für das Erkennen grammatischer Struktur bedeutsam
ist. Eine mehrsprachige Verankerung des Wissens schafft neue Perspektiven
auf die Gegenstände.

Ein geeigneter mehrsprachiger Unterricht braucht neue Konzepte, anders
aufgebaute, auch digitale Materialien, die Selbstlernaktivität unterstützen,
und eine veränderte Lehrerausbildung. In allen Bereichen sind in den letzten
Jahren sehr gute Ansätze entstanden, aber sie genügen noch nicht. Wichtig
für die weitere Entwicklung ist es, genauere Einblicke in die Praxis und die
Schwierigkeiten vor Ort aus der Sicht der Lehrkräfte zu bekommen. Die
Ergebnisse der vorliegenden Studie zeigen sehr konkret, wo wir bereits vo-
rangekommen sind, welche Schwierigkeiten bestehen und was in nächster

Zeit zu tun ist. Insofern kann sie die Mehrsprachigkeitsdidaktik wie die Entwicklung einer guten Praxis vorantreiben. Sie kann zugleich das Vertrauen auf die Potenziale mehrsprachiger Schüler_innen wie auf das Vermögen guter Vermittler befördern und jenen didaktischen Optimismus erzeugen und verstärken, ohne den Schule nicht denkbar ist.

Prof. Dr. Ludger Hoffmann (TU Dortmund)

Vorwort von Prof. Dr. Gudrun Marci-Boehncke

Die vorliegende Studie widmet sich einem zentralen aktuellen Forschungsthema: dem Bewusstsein für Mehrsprachigkeit und ihre Potenziale für den Unterricht. Keine repräsentative Erhebung, sondern eine qualitative Studie, die zunächst zeigt, wer sich überhaupt hat ansprechen lassen für diese Frage. Auch dies ist bereits ein erstes wichtiges Ergebnis bei einer bundesweiten Bereitstellung der Fragebögen und gleichmäßigen Ansprache der entsprechenden Institutionen im Bildungswesen. Dennoch verraten die Ergebnisse – mögen auch die Einzelfallzahlen in den verschiedenen Bundesländern zum Teil gering sein – etwas über die Einstellungen und Überzeugungen der Befragten. Genau dieses Thema stellt sich auch in weiteren Zusammenhängen als zunehmend wichtig dar: digitale Medienbildung ist dabei vorrangig zu nennen. Diverse Studien (ICILS 2013, IfD-Allensbach/Telekom Digitale Medien im Unterricht, Breiter/Aufenanger et. al. 2013, Marci-Boehncke/ Rath 2013) weisen darauf hin, dass die Bereitschaft der Lehrkräfte und Institutionen, Medienbildung aktiv zu ihrem persönlichen Thema in Bildungszusammenhängen zu machen, die Grundlage ist, kulturelles Kapital (Bourdieu) und damit praktische Kompetenz überhaupt zu generieren und die weiteren Voraussetzungen im Feld *Schule* entsprechend zu gestalten. Nicht die technischen Geräte sind primär wichtig, sondern ein Bewusstsein für die Relevanz und die Möglichkeiten von digitaler Medienbildung. Und gleiches gilt auch für die Bereiche *Inklusion* und *Mehrsprachigkeit*. Die Studie von Ekinci und Güneşli macht deutlich, dass es in erster Linie Lehrkräfte mit eigener migrationsbedingter Mehrsprachigkeit sind, die für diese Voraussetzungen auch bei ihren Schüler_innen sensibel reagieren (vgl. Abbildung 12). Und in Kontexten der Sek II Ausbildung ist die Förderung von Deutsch bei Schüler_innen aus mehrsprachigen Familien bei einem Drittel der Lehrkräfte konzeptionell unbekannt. Die Zahlen sind vermutlich noch weit höher, denn die hier Antwortenden sind bereits grundsätzlich diejenigen, die die Thematik noch mit Aufmerksamkeit wahrnehmen. Einig scheinen sich diese aber zu sein, dass die eigene Ausbildung für sprachsensiblen Unterricht als nicht ausreichend beurteilt wird. Dass Wertschätzung von Mehrsprachigkeit, ihre aktive unterrichtliche Förderung und digitale Medienbildungskompetenz zusammen hängen, zeigt der zweite Teil der Studie. Hier wird deutlich, dass Lehrkräfte zwar das Gefühl haben, digitale Medien könnten hier gewinnbringend eingesetzt werden, inhaltlich scheint aber unklar zu sein, wie das geschehen kann. Es geht dabei nicht um reine Übersetzungsfunktionen per Computer, sondern auch um die Berücksichtigung lebensweltlicher Kontexte, die über digitale Medien erschließbar und teilbar werden mit Mitschüler_innen ohne kulturell bedingte Mehrsprachigkeit. Gerade an dieser Stelle bleiben auch im Materialpool Desiderate – nicht nur in der Thematisierung in Schulbüchern. Berücksichtigung der Mehrsprachigkeit kann nicht bedeuten, dass die Beispielschüler_innen in den Textaufgaben jetzt auch Mirco und Ayşe heißen.

Es bleibt viel zu tun zu einem wichtigen Thema unserer vielfältigen Gesellschaft. Die Studie macht einen Aufschlag und verweist auf weitere Forschungsperspektiven.

Prof. Dr. Gudrun Marci-Boehncke (TU Dortmund)

1. Einleitung

Die Sprachenvielfalt im heutigen Deutschland wird immer größer. Eine hohe Anzahl an migrationsbedingt mehrsprachigen Schüler_innen an deutschen Schulen ist nicht nur in der gegenwärtigen deutschen Migrationsgesellschaft, sondern auch in den deutschen Schulen Alltag. Hierzu zählt auch die steigende Zahl an Kindern und Jugendlichen, insbesondere aus den arabischen Ländern und Afrika, die aus ihren Heimatländern aufgrund von Krieg und Verfolgung mit ihren Familien und teilweise auch alleine flüchten mussten.

Mit den Flüchtlingsströmen setzt sich ein weiterer Wandel in Gang, der die migrationsbedingt mehrsprachige Situation in den Kommunen und ihren Schulen sogar verschärft. Bereits seit dem Mikrozensus 2005 ist zu konstatieren, dass die in Deutschland lebende und hier aufwachsende Migrationsbevölkerung jünger ist als die Gruppe der Mehrheitsbevölkerung. Selbst zehn Jahre nach dem ersten Mikrozensus hat jedes dritte in Deutschland lebende und seine Bildungsbiografie hier beginnende Kind unter fünf und sechs Jahren einen Migrationshintergrund (vgl. Bildung in Deutschland 2006, 142 f.; Statistisches Bundesamt 2014, 8). Während dieses Ergebnis für die Fünf- bis Zehnjährigen gleich ausfällt, sinkt dieser Wert für die Zehn- bis Fünfzehnjährigen auf ungefähr 31 % und für die Fünfzehn- bis Zwanzigjährigen leicht unter 30 % (vgl. destatis 2014).

Dieser Tatsache zufolge muss sich Schule auf die mehrsprachige Realität im Unterricht vorbereiten. So fordert Hoffmann (2015) die Berücksichtigung der mehrsprachigen Gesellschaft auch in den Schulen. Ein Unterricht, der diese Realität berücksichtigt, macht die Familiensprachen dieser Kinder und Jugendlichen zum Gegenstand. Allerdings fehlen bis dato entsprechende empirische Daten darüber, inwieweit die gelebte Mehrsprachigkeit der Lernenden durch die Lehrenden im Unterricht wahrgenommen und als Potenzial genutzt wird.

In ihrer Untersuchung machen Kameyama und Özdil (2015) darauf aufmerksam, dass die Erstsprachen von Schüler_innen in den Bildungsinstitutionen bisher kaum statistisch erhoben worden sind. Die Daten zu den Migrationssprachen an Schulen und Kitas sind nach Ansicht der Autoren jedoch wichtig, um beispielsweise Überlegungen zu pädagogischen

Maßnahmen und einer Veränderung von institutionellen Rahmenbedingungen im Hinblick auf Mehrsprachigkeit in die Wege zu leiten. Darüber hinaus würden diese Veränderungen den Wandel vor Ort kenntlich und so Mehrsprachigkeit und Sprachverwendung innerhalb dieser Institutionen sichtbar werden lassen.

Aus den oben genannten Gründen wurden von der FH Bielefeld in Kooperation mit der TU Dortmund deutschlandweit Daten zur Praxis der Mehrsprachigkeit im schulischen sowie unterrichtlichen Kontext durch eine Online-Befragung erhoben. Ziel dieser Studie ist es, durch eine Bestandsaufnahme die Schul- und Unterrichtsrealität in der Vermittlung von Mehrsprachigkeit zu dokumentieren. Die vorliegende Mehrsprachigkeitsstudie untersucht also die aktuelle Schul- und Unterrichtssituation, die Lehrkräfte in Bezug auf das Thema Mehrsprachigkeit in den Schulen vorfinden.

In diesem Zusammenhang sollten auch das Bildungs- und Unterstützungsangebot während ihrer universitären Ausbildung und der aktuell bestehende Bildungs- und Unterstützungsbedarf in ihrer Tätigkeit als Lehrer_in ermittelt werden. Die Erkenntnisse aus dieser Studie sollen außerdem zur Unterstützung und Förderung des Deutsch- und Fachunterrichts mit und für sprachlich heterogene Lern(er)gruppen dienen. Darüber hinaus beabsichtigt diese Untersuchung die Präsentation der aktuellen Situation des Herkunftssprachenunterrichts (HSU). Ziel ist es somit, Einblicke in die Realität der Mehrsprachigkeit in den Schulen[1] und Klassenzimmern in Deutschland zu ermöglichen. Konkret wurde folgenden Untersuchungsfragen nachgegangen:

– Welche Erstsprachen sind in den deutschen Schulen und Klassenzimmern durch die Schüler_innen vertreten?
– Welche dieser Sprachen sind Teil des Unterrichts?
– Inwieweit werden die Herkunftssprachen der migrationsbedingt mehrsprachigen Schüler_innen gefördert?
– Welche Implikationen, Chancen und Potenziale sind hierdurch – nicht nur im Sprachunterricht – gegeben?

---

1 In der Studie fanden folgende Schulformen Berücksichtigung: Grund-, Förder-, Haupt-, Real-, Gesamt- und Sekundarschulen sowie Berufskollegs und Gymnasien. Für eine bessere Übersicht werden die Schulformen unterteilt in Primarstufe, Förderschule, Sek I und Sek II.

- Sind Lehrkräfte für den Unterricht mit migrationsbedingt mehrsprachigen Schüler_innen (gut) vorbereitet?
- Wie werden die bisherigen Bemühungen von Schule durch die Lehrkräfte
  wahrgenommen?

2. Beschreibung der Erhebung

Die folgende Online-Studie zur *Mehrsprachigkeit im Alltag von Schule und Unterricht in Deutschland* wurde im Zeitraum zwischen August 2014 und Ende März 2015 mittels des Grafik- und Statistikprogramms GrafStat erstellt, erhoben und ausgewertet.[2] Der Online-Befragungsbogen, bestehend aus 92 Fragen, wurde den entsprechenden Behörden, den Bezirksregierungen, Schulämtern und den landesweiten Kommunalen Integrationszentren für die elektronische Weiterleitung bzw. Verbreitung zur Verfügung gestellt. Die Teilnahme an der Online-Befragung war frei und die erhobenen Daten wurden anonym behandelt. An die Lehrkräfte wurden neben Single- und Multiple-Choice-Fragen auch Skalen- und offene Fragen gerichtet.

---

2   Erste Zwischenergebnisse wurden am 20. November 2014 an der Universität Paris-Ouest Nanterre La Défense im Rahmen des Internationalen Kolloquiums *Realitäten der Vielsprachigkeit und Politik der Mehrsprachigkeit* in Europa vorgestellt.

3. Studienergebnisse

Zunächst sollen die strukturellen Rahmenbedingungen dieser Studie veranschaulicht werden. Deshalb werden die Angaben der Lehrkräfte differenziert nach:

- Angaben der Lehrkräfte zu ihrer Person,
- Angaben der Lehrkräfte zu ihrer Schülerschaft,
- Angaben der Lehrkräfte zu ihrer Schule und ihrem Unterricht.

Im weiteren Verlauf richtet sich dann der Blick auf den HSU. Ihre Erfahrungen im Hinblick auf DaZ und Einstellung zur Mehrsprachigkeit sowohl für ihre Profession als auch in Bezug auf ihre gesellschaftliche Wichtigkeit werden erst zum Schluss zum Inhalt gemacht.

Im ersten Teil sollen nun die Angaben der Lehrpersonen zu ihrer Profession und Person vorgestellt werden.

3.1 Informationen zu den Studienteilnehmer_innen

3.1.1 Verteilung der Lehrkräfte nach Bundesländern

An der Mehrsprachigkeitsstudie haben insgesamt 248 Lehrer_innen aus elf Bundesländern teilgenommen.[3] Die höchsten Beteiligungszahlen sind für das Bundesland Nordrhein-Westfalen zu verzeichnen. Über drei Fünftel (63 %) der Teilnehmer_innen lehrten zum Zeitpunkt der Befragung in diesem Bundesland. Die zweitgrößte Gruppe lehrte in Hamburg (9 %), erst danach sind Teilnehmer_innen aus Berlin (8 %) und Baden-Württemberg (7 %) zu verzeichnen. Diese stellen mit jeweils weniger als 10 % die zweit-, dritt- und viertgrößte Gruppe der Lehrkräfte dar.

---

3 Zu Brandenburg, dem Saarland, Sachsen, Sachsen-Anhalt und Thüringen stehen uns keine Daten zur Verfügung.

Abbildung 1: Verteilung der Lehrkräfte nach Bundesland (N = 248)

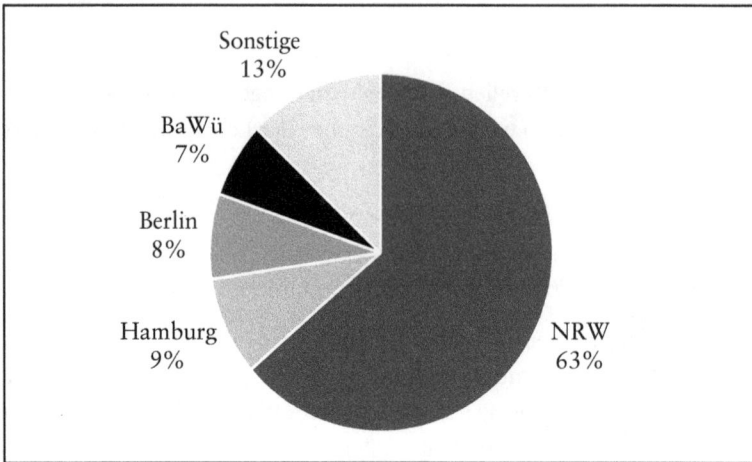

Sonstige 13%
BaWü 7%
Berlin 8%
Hamburg 9%
NRW 63%

3.1.2 Unterrichtete Schulformen

Die Anzahl der Lehrerinnen liegt mit über 80 % weit über die Anzahl der Lehrer (17,7 %). Während die Mehrheit der Lehrer (45,5 %) zum Zeitpunkt der Befragung in der Sek I lehrte, waren etwa genauso viele Lehrerinnen (41,1 %) an einer Grundschule tätig.

Abbildung 2: Unterrichtete Schulformen (N$_{Lehrer}$ = 44; N$_{Lehrerinnen}$ = 203)

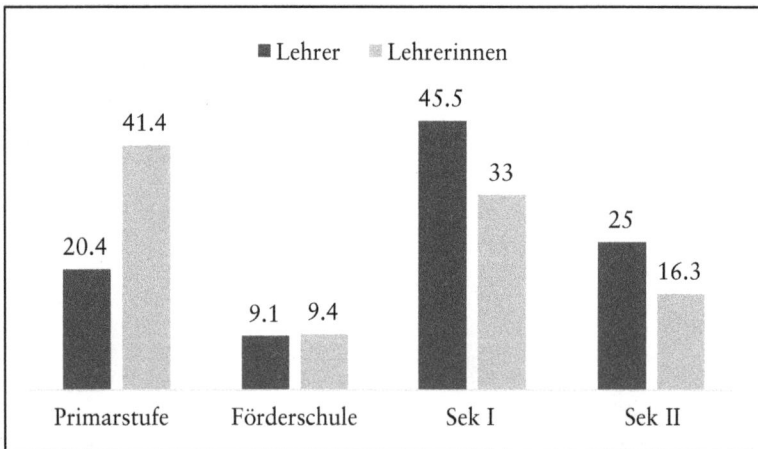

Lehrer   Lehrerinnen

	Primarstufe	Förderschule	Sek I	Sek II
Lehrer	20.4	9.1	45.5	25
Lehrerinnen	41.4	9.4	33	16.3

Somit stehen den Schüler_innen in den ersten Schuljahren hauptsächlich weibliche und in den weiterführenden Schulformen vor allem männliche pädagogische Fachkräfte zur Verfügung. In den Förderschulen ist diese Verteilung mit 9,1 % und 9,4 % eher ausgeglichen.

3.1.3 Dienstjahre und Schulformen

Die große Mehrheit der Lehrer_innen verfügt über jahrelange Berufserfahrung. Mehr als zwei Fünftel (21,5 %) von ihnen sind seit elf bis fünfzehn und über ein Drittel (36,8 %) sogar seit über fünfzehn Jahren als Lehrer_in tätig. Dieser Gruppe von Lehrer_innen sind primär die Förder- und Grundschullehrkräfte sowie Lehrer_innen der Sek I zuzuordnen. Lehrer_innen der Sek II hingegen sind häufig auch seit vier bis sechs (22,7 %) und sieben bis zehn Jahren (20,4 %) im Dienst.

Insbesondere die Förderschullehrer_innen gehen seit mindestens elf Jahren ihrer Tätigkeit in der Schule nach. Lediglich 18 % von ihnen sind seit mindestens sechs Jahren an einer Förderschule als Lehrkraft tätig. Ähnlich fallen die Ergebnisse in den Grund- und Sek-I-Schulen aus. Auch hier sind die Lehrer_innen häufig seit elf Jahren oder sogar länger im Dienst. Aus der Sek II dahingegen haben etwa gleich viele Lehrer_innen mit mindestens sechs (38 %) und mindestens elf Dienstjahren (40,9 %) an dieser Studie teilgenommen.

Abbildung 3: Unterrichtete Schulformen nach Dienstjahren ($N_{Primarstufe}$ = 93; $N_{Förderschule}$ = 23; $N_{Sek\,I}$ = 87; $N_{Sek\,II}$ = 44)

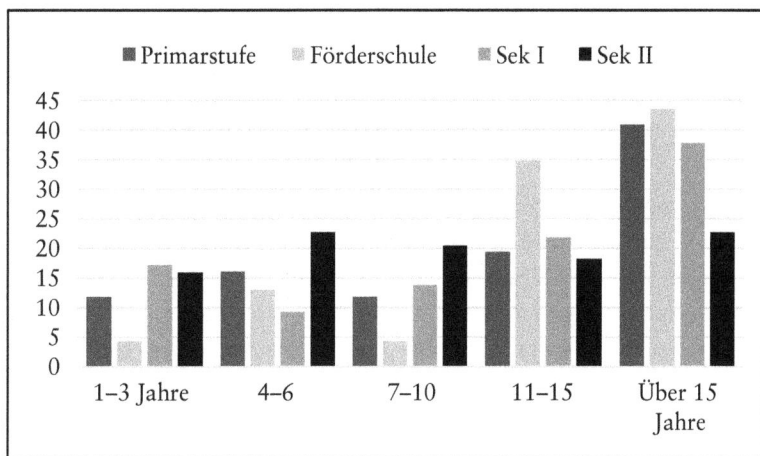

Werden diese Daten auf den migrationsbedingt mehrsprachigen Hintergrund der Lehrer_innen hin untersucht, so führt diese Differenzierung zu
weiteren interessanten Ergebnissen. Bevor auf diese Verteilung näher ein-
gegangen wird, sollen der migrationsbedingt mehrsprachige Hintergrund
und die Mehrsprachigkeit der Lehrkräfte nachfolgend vorgestellt werden.

3.1.4 Mehrsprachigkeit nach Migrationshintergrund

Zunächst ist zu konstatieren, dass über 80 % der Lehrkräfte keinen migrationsbedingt mehrsprachigen Hintergrund besitzen. Somit ist nur für
die restlichen etwa 20 % der Lehrer_innen in den deutschen Schulen die
Mehrsprachigkeit auf ihren Migrationshintergrund zurückzuführen.

Abbildung 4: Migrationsbedingt mehrsprachiger Hintergrund der Lehrkräfte an
deutschen Schulen (N = 246)

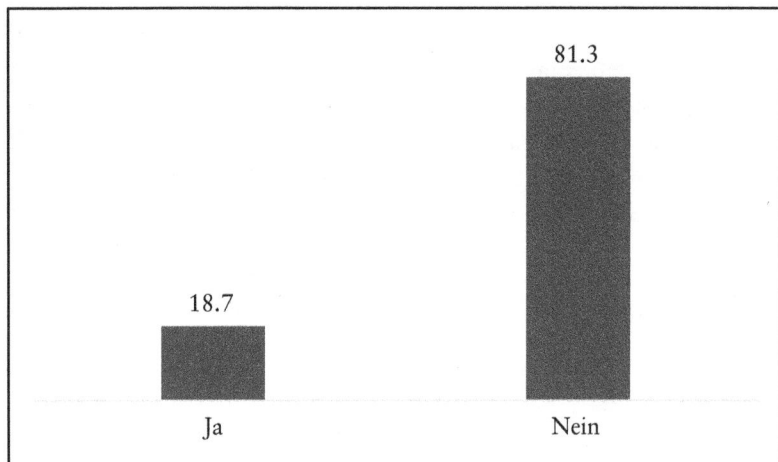

Werden die Angaben um den Faktor *Kontakt zur deutschen Sprache* erwei-
tert, so kann, entsprechend den Aussagen der Lehrkräfte, für ausnahmslos
alle diejenigen, die keinen migrationsbedingt mehrsprachigen Hintergrund
besitzen, die deutsche Sprache als ihre Erstsprache konstatiert werden. Auch
Lehrer_innen mit einem migrationsbedingt mehrsprachigen Hintergrund
wurden zum Teil primär mit der deutschen Sprache sozialisiert. Dies trifft
für fast 30 % von ihnen zu. Für die Mehrheit dieser Lehrkräfte ist die
deutsche Sprache dennoch ihre Zweitsprache.

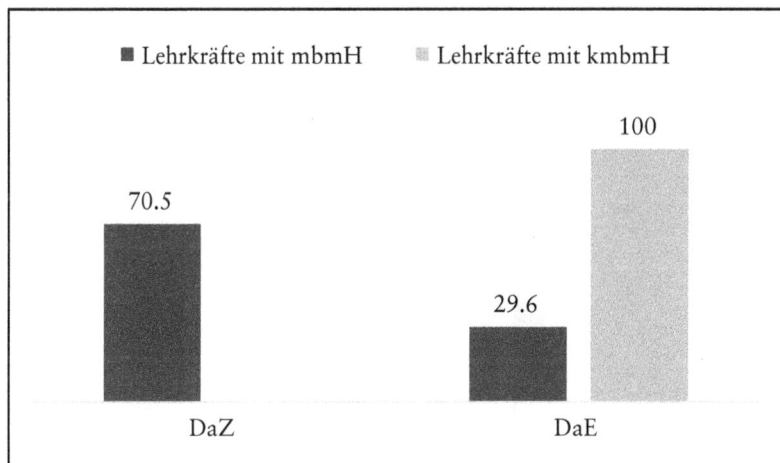

Im Hinblick auf die Anzahl der gesprochenen Sprachen ist in der nachfolgenden Grafik festzustellen, dass etwa zwei von fünf Lehrkräften (42,3 %) zwei und jede dritte Lehrkraft (36,3 %) drei Sprachen spricht. 6 % aller Lehrer_innen geben an, nur eine Sprache zu sprechen. Auch vier oder mehr Sprachen sind nicht die Regel. Nur einem geringen Anteil (15,4 %) der Lehrkräfte stehen mehr als drei Sprachen zur Kommunikation und Interaktion mit anderen zur Verfügung. Trotzdem ist die Anzahl derjenigen Lehrkräfte, die mehr als drei Sprachen sprechen, etwa doppelt so groß wie die der Lehrer_innen, die nur eine Sprache beherrschen. Mit Bezug auf dieses und die restlichen Ergebnisse ist somit festzuhalten, dass Einsprachigkeit unter den Lehrer_innen nicht aktuell ist.

Differenziert nach dem Migrationshintergrund können deutliche Unterschiede im Hinblick auf die Mehrsprachigkeit der Lehrer_innen festgestellt werden. Tatsächlich sind es an erste Stelle die migrationsbedingt mehrsprachigen Lehrer_innen, denen häufig mehr als zwei Sprachen zur Verfügung stehen.

Abbildung 6: Anzahl gesprochener Sprachen nach migrationsbedingt mehrsprachigem Hintergrund ($N_{Lehrkräfte\ mit\ mbmH}$ = 46; $N_{Lehrkräfte\ mit\ kmbmH}$ = 200)

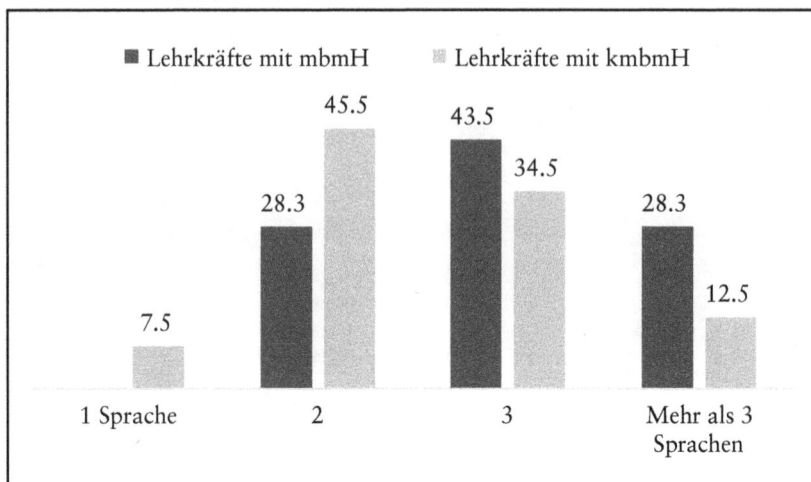

■ Lehrkräfte mit mbmH   ▨ Lehrkräfte mit kmbmH

	1 Sprache	2	3	Mehr als 3 Sprachen
	7.5	28.3	45.5	28.3
		43.5	34.5	12.5

Fast 45 % der Lehrkräfte mit einem migrationsbedingt mehrsprachigen Hintergrund sprechen demnach drei Sprachen. Die Anzahl derjenigen, die zwei und mehr als drei Sprachen in ihrem Repertoire verfügbar haben, liegt bei fast 30 %. Die Angaben ihrer Kolleg_innen mit keinem migrationsbedingt mehrsprachigen Hintergrund liegen mit steigender Sprachanzahl stets unter denen der Lehrkräfte mit Migrationshintergrund. Etwa ein Drittel (34,5 %) der nicht migrationsbedingt mehrsprachigen Lehrkräfte beherrschen drei Sprachen. In der Regel stehen ihnen zwei Sprachen zur Verfügung.

Dementsprechend bezeichnen sich im Vergleich zu den migrationsbedingt mehrsprachigen Lehrkräften nur 67,3 % der nicht migrationsbedingt mehrsprachigen Lehrkräfte als *nicht mehrsprachig*. Etwa 14 % von ihnen treffen sogar keine Aussage darüber. Dies trifft für einen sehr viel niedrigeren Teil (2,2 %) der erstgenannten Lehrer_innen zu. Diese bezeichnen sich zu fast 85 % als *mehrsprachig* und nur 13 % als *nicht mehrsprachig*.

Abbildung 7: Selbstbezeichnung als mehrsprachig nach migrationsbedingt mehrsprachigem Hintergrund (N$_{Lehrkräfte\ mit\ mbmH}$ = 46; N$_{Lehrkräfte\ mit\ kmbmH}$ = 196)

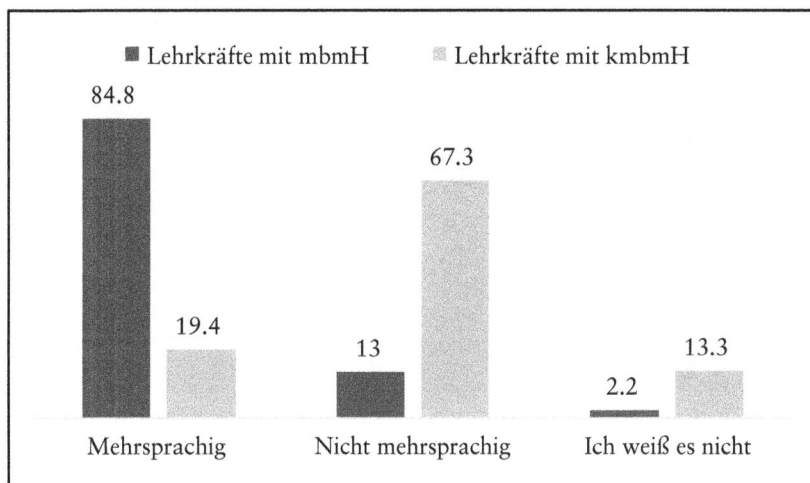

Auch im Hinblick auf die Definition von *Vielsprachigkeit* und *Mehrsprachigkeit* unterscheiden sich die Sichtweisen dieser beiden Gruppen von Lehrkräften. Lehrer_innen mit keinem migrationsbedingt mehrsprachigen Hintergrund sind zu drei Fünfteln (60,9 %) mit der Aussage „Vielsprachigkeit ist dasselbe wie Mehrsprachigkeit" nicht einverstanden. Außerdem erklärt sich diese Lehrergruppe auch nur zu rund einem Zehntel (9,6 %) mit dieser Aussage einverstanden.

Anders ihre Kolleg_innen mit migrationsbedingt mehrsprachigem Hintergrund. Sie sind deutlich häufiger (26,7 %) der Meinung, dass Vielsprachigkeit dasselbe wie Mehrsprachigkeit ist, und mit 53,3 % mit dieser Aussage nicht einverstanden. Auf der Grundlage dieser Einschätzungen ist somit zu konstatieren, dass Lehrkräften ohne migrationsbedingt mehrsprachigen Hintergrund die Unterscheidung zwischen diesen Begrifflichkeiten eher gelingt als ihren Kolleg_innen mit einem migrationsbedingt mehrsprachigen Hintergrund.

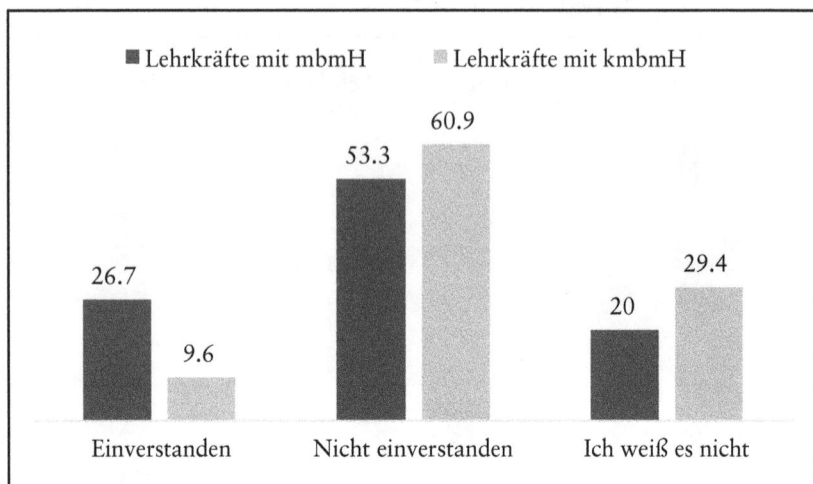

3.2 Migrationsbedingt mehrsprachige Schülerschaft in Deutschland

3.2.1 Migrationsbedingt mehrsprachige Schüler_innen in den deutschen Schulen

Nach Angaben der Lehrkräfte fällt der Anteil der migrationsbedingt mehrsprachigen Schüler_innen in ihrer Schule mit 32,6 % hoch und 38 % sogar sehr hoch aus. Sehr hohe Schülerzahlen werden an erster Stelle in den Förderschulen (47,8 %) und an zweiter und dritter Stelle mit leicht über 40 % in den Grundschulen und leicht unter 40 % in der Sek I genannt.

Obwohl der Anteil dieser Schüler_innen mit über 40 % auch in der Sek II als hoch zu bezeichnen ist, scheint der Zugang zu dieser Schulform dennoch eine Herausforderung für sie darzustellen. Denn sehr hohe Zahlen bilden im Vergleich zu den restlichen Schulformen eher die Ausnahme. Während die Anzahl der migrationsbedingt mehrsprachigen Schülerschaft in der Sek II mit 25 % als sehr hoch zu bezeichnen ist, liegt die Anzahl dieser Schülergruppen in den restlichen Schulformen, wie bereits aufgezeigt werden konnte, weit über diesem Wert.

Abbildung 9: Der Anteil an migrationsbedingt mehrsprachigen Schüler_innen in den deutschen Schulen ($N_{Primarstufe}$ = 91; $N_{Förderschule}$ = 23; $N_{Sek I}$ = 86; $N_{Sek II}$ = 44)

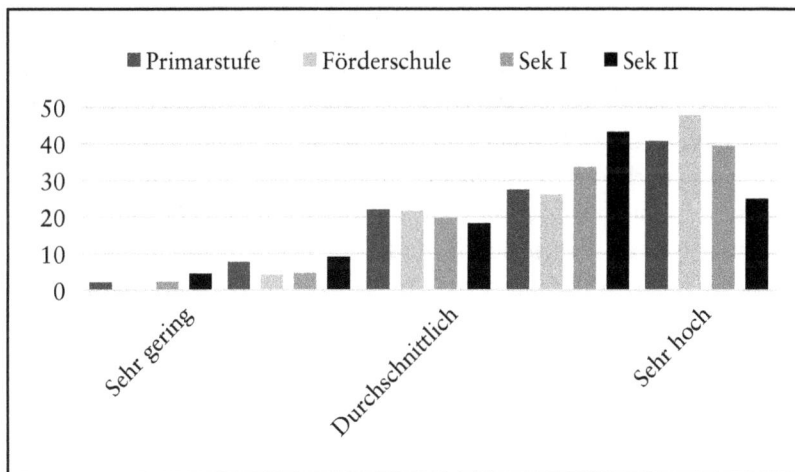

Konkret handelt es sich um Lern(er)gruppen mit folgenden Erstsprachen:

Tabelle 1: Durch die Schüler_innen vertretene Erstsprachen (N = 247) (Mehrfachantwort möglich)

	Sprachen	Anteil in %		Sprachen	Anteil in %
1	Türkisch	86,6	16	Persisch	19,0
2	Polnisch	59,9	17	Kasachisch	16,6
3	Russisch	57,9	18	Spanisch	16,6
4	Arabisch	57,5	19	Portugiesisch	15,8
5	Kurdisch	44,9	20	Tamil	15,0
6	Albanisch	38,1	21	Englisch	14,2
7	Bosnisch	32,0	22	Französisch	13,0
8	eine afrikanische Sprache	30,8	23	Chinesisch	8,5
9	Serbisch	29,6	24	Armenisch	7,7
10	Italienisch	27,5	25	Japanisch	1,6
11	Kroatisch	27,1	26	Hebräisch	1,2
12	Griechisch	26,7	27	Sonstige[4]	17,8
13	Rumänisch	26,7			
14	Afghanisch	21,1			
15	Bulgarisch	20,2			

---

4 Vietnamesisch, Koreanisch, Thailändisch, Syrisch, Aserbaidschanisch, Lettisch, Ungarisch, Marokkanisch, Brasilianisch und Pakistanisch.

Fast 90 % der Lehrer_innen geben an, Schüler_innen mit der Erstsprache Türkisch in ihrer Klasse zu haben. Bei etwa einem Viertel weniger Lehrkräfte trifft dies für Schüler_innen mit der Erstsprache Polnisch und Russisch zu. Somit ist die Anzahl der in einem deutsch-türkischkulturellen Kontext aufgewachsenen Schüler_innen in den deutschen Schulen und Klassenzimmern deutlich höher als die ihrer Mitschüler_innen mit einem anderen herkunftssprachlichen Hintergrund. Neben den bereits genannten Schülergruppen sind auch Schüler_innen mit den Erstsprachen Arabisch, Kurdisch, Albanisch, Bosnisch sowie mit einer afrikanischen Sprache oft vertreten. Insgesamt konnten neben den in dieser Tabelle aufgezählten Familiensprachen der Lern(er)gruppen weitere zehn Sprachen von Schüler_innen herausgearbeitet werden. Somit sind in den deutschen Schulen neben der Unterrichtssprache Deutsch weitere 36 Sprachen durch die Lern(er)gruppen vertreten.

Differenziert nach Schulformen entsteht folgende neue Übersicht (alle Angaben in Prozent):

Tabelle 2: Verteilung der migrationsbedingt mehrsprachigen Schülerschaft nach Schulformen ($N_{Primarstufe}$ = 610; $N_{Förderschule}$ = 121; $N_{Sek\ I}$ = 759; $N_{Sek\ II}$ = 316) (Mehrfachantwort möglich)

	Sprache	Primarstufe	Förderschule	Sek I	Sek II
1	Türkisch	12,3	18,2	10,0	12,7
2	Russisch	6,9	7,4	7,8	10,4
3	Polnisch	8,8	5,8	7,5	9,2
4	Kurdisch	6,1	9,1	5,7	6,3
5	Arabisch	8,8	6,6	7,5	7,3
6	Albanisch	4,4	5,0	5,9	4,8
7	Bosnisch	4,4	5,8	3,7	5,1
8	eine afrikanische Sprache	4,3	5,8	4,3	3,2
9	Griechisch	2,5	2,5	4,1	5,4
10	Kroatisch	4,8	3,3	2,9	3,8
11	Italienisch	3,4	2,5	4,5	3,2
12	Sonstige	33,3	28,1	36,1	28,8

Während die Lehrer_innen der Sek I insgesamt 759 Schüler_innen mit einer anderen Erstsprache als Deutsch in ihrer Lern(er)gruppe identifizieren, liegt diese Zahl in der Primarstufe bei 610, in der Sek II bei 316 und in den Förderschulen bei 121. Damit umfasst diese Studie, dessen Hauptinformationsquelle 248 Lehrer_innen aus ganz Deutschland und hauptsächlich dem Bundesland NRW darstellen, Aussagen über mehr als 1800 Schüler_innen.

Wie anhand der Tabelle deutlich wird, fällt die Anzahl an Schüler_innen mit der Erstsprache Türkisch in allen Schulformen teilweise deutlich höher aus als die der mit anderen Erstsprachen sozialisierten Mitschüler_innen. Etwa 13 % von ihnen gelingt auch der Übergang in die Sek II.

Die besten Aussichten haben jedoch Schüler_innen mit der Erstsprache Griechisch. Über sie sind aufgrund ihrer geringen Anzahl in dieser Studie und möglicherweise auch in den deutschen Schulen zwar mit Vorsicht Aussagen zu machen. Jedoch gelingt über der Hälfte von ihnen im Anschluss an die Grundschule und die Sek I der direkte Zugang in die Sek II. In den Förderschulen sind sie nur vereinzelt vertreten.

3.2.2 Kommunikationssprache und Sprachkenntnisse in der L1 und L2

Es konnte festgestellt werden, dass Lehrer_innen über ihren eigenen Unterricht hinaus Einblicke in die Sprachgewohnheiten ihrer sprachlich heterogenen Lern(er)gruppen gewinnen können. Demnach sprechen Schüler_innen mit einem migrationsbedingt mehrsprachigen Hintergrund hauptsächlich mit den Eltern ihre Erstsprache. Sehr selten bis kaum kommt diese in der Peergroup zum Einsatz. Dort beziehen sie sich vor allem auf ihre Zweitsprache Deutsch, also jene Verkehrssprache, die allen die Gelegenheit bietet, am Kommunikationsgeschehen teilzuhaben. Nach Angaben der Lehrkräfte kommen alle Sprachen, die diese Schüler_innen beherrschen, sowohl im Schulunterricht als auch in der übrigen privaten Zeit und bei sonstigen Anlässen zum Einsatz. Die Sprachwahl wird lediglich in Abhängigkeit vom jeweiligen Kommunikationspartner situativ getroffen. In den meisten Fällen jedoch tendiert die Schülerschaft zum Wechsel zwischen der Erstsprache und der Zweitsprache Deutsch und zwar abhängig vom Kommunikations- und Interaktionspartner.

Abbildung 10: Kommunikationssprache (N = 245)

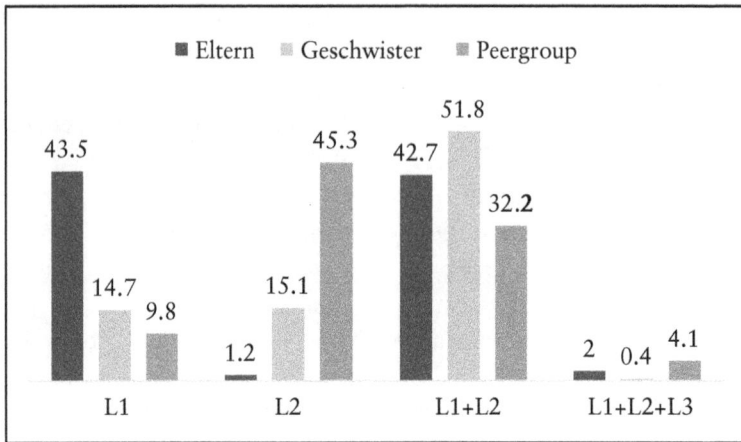

Im Großen und Ganzen schätzen die Lehrer_innen die Sprachkenntnisse ihrer Lern(er)gruppen in ihren Erst- bzw. Familiensprachen eher durchschnittlich ein. Die vorhandenen Sprachkenntnisse in der Erstsprache ihrer Schüler_innen sind dabei 44,3 % der Lehrkräfte nicht bekannt. Werden diese in der Erst- und Zweitsprache miteinander verglichen, so schätzen Lehrkräfte die Sprachkenntnisse ihrer sprachlich heterogenen Schülerschaft mit Migrationshintergrund in der L1 geringer ein als in der L2.

Abbildung 11: Sprachkenntnisse in der L1 (N = 246)

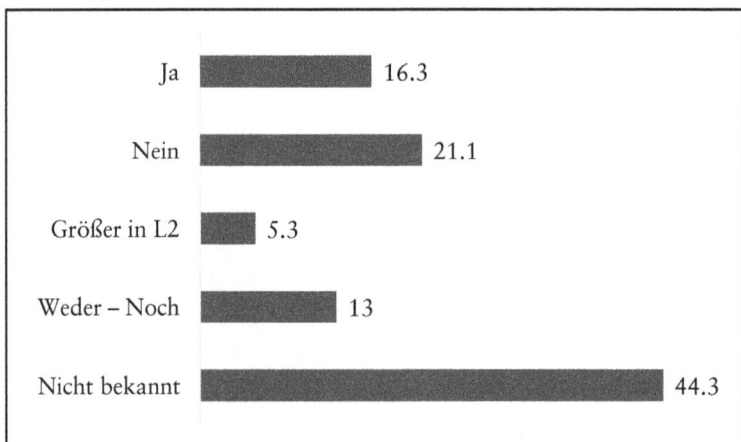

Unklar bleibt, auf welche Tatsachen bzw. Vermutungen die Einschätzung der Lehrkräfte bezüglich der vermeintlich vorhandenen Sprachkenntnisse in der L1 ihrer Schüler_innen zurückzuführen ist. Wünschenswert bleiben weitere Forschungen über die Hintergründe dieser Annahme.

Abbildung 12: Fehlendes Wissen um die Sprachkenntnisse der Schülerschaft in der L1 nach migrationsbedingt mehrsprachigem Hintergrund der Lehrkräfte (N$_{Lehrkräfte\ mit\ mbmH}$ = 46; N$_{Lehrkräfte\ mit\ kmbmH}$ = 198)

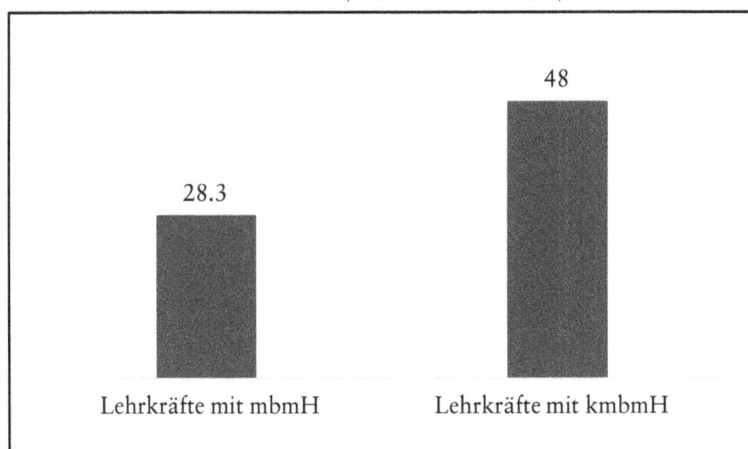

So konnte beispielsweise festgestellt werden, dass fast jede zweite Lehrkraft ohne migrationsbedingt mehrsprachigen Hintergrund (48 %) keine Aussage zu den Sprachressourcen ihrer Schüler_innen mit einem migrationsbedingt mehrsprachigen Hintergrund treffen kann. Bei den Lehrer_innen mit migrationsbedingt mehrsprachigem Hintergrund liegt dieser Wert leicht unter 30 %.

3.2.3 Kommunikative Basiskompetenzen

Die Lehrer_innen wurden danach gefragt, welche kommunikativen Basiskompetenzen ihren Schüler_innen mit einem migrationsbedingt mehrsprachigen Hintergrund die größten Schwierigkeiten bereiten.

Deutlich wird zunächst, dass die Schüler in allen kommunikativen Basiskompetenzen mehr oder weniger größere Schwierigkeiten aufzeigen als ihr Gegengeschlecht. Insgesamt bereiten den Schüler_innen mit einem

migrationsbedingt mehrsprachigen Hintergrund das *Leseverstehen* und vor
allem das *Schreiben* in der Unterrichtssprache Deutsch die größten Schwierigkeiten. Über 79 % dieser Schüler_innen verfügen demnach möglicherweise über wenig Schreibfertigkeiten (vgl. Beschlüsse der KMK 2004a, S. 7),
ihnen gelingt es weniger, „reflektierend, kommunikativ und gestalterisch
[zu] schreiben" (Beschlüsse der KMK 2004b und 2004c, S. 8) oder sie
sind überfordert, wenn es darum geht, „inhaltlich angemessene kohärente
Texte [...] aufgabenadäquat, konzeptgeleitet, adressaten- und zielorientiert,
normgerecht, sprachlich variabel und stilistisch stimmig [zu] gestalten"
(Sekretariat der Ständigen Konferenz der Kultusminister der Länder in der
Bundesrepublik Deutschland 2012, S. 16).

Abbildung 13: Schwierigkeiten in den kommunikativen Basiskompetenzen
(N$_{Antworten\ zu\ den\ Schülern}$ = 242; N$_{Antworten\ zu\ den\ Schülerinnen}$ = 243)
(Mehrfachantwort möglich)

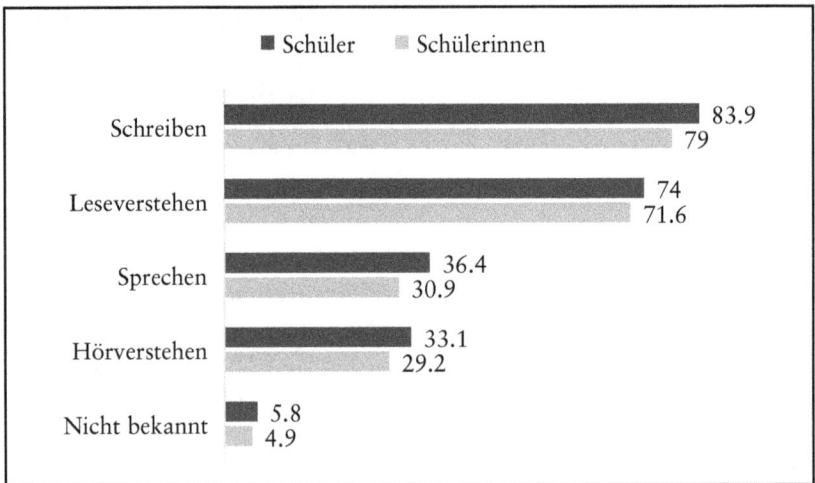

Für über 71 % dieser Schüler_innen stellt das Leseverstehen eine Hürde dar.
Das wiederum bedeutet, dass die Mehrheit von ihnen nur „über [wenig]
Lesefähigkeiten [...] [und möglicherweise auch] Leseerfahrungen verfügen"
(Beschlüsse der KMK 2004a, S. 7), vermutlich seltener mit Texten umgehen
und im Besitz lückenhafter Kenntnisse über Literatur sind (vgl. Beschlüsse der
KMK 2004b und c, S. 8). Darüber hinaus sind sie größtenteils nicht „in der
Lage, selbstständig Strategien und Techniken zur Erschließung von linearen

und nichtlinearen Texten unterschiedlicher medialer Form anzuwenden und zu reflektieren" (Sekretariat der Ständigen Konferenz der Kultusminister der Länder in der Bundesrepublik Deutschland 2012, S. 18). Das Sprechen und das Hörverstehen in Deutsch bereiten ihnen keine großen Schwierigkeiten. Zumindest beobachten die Lehrer_innen hier keine auffällig großen Herausforderungen, sodass eine Kommunikation und Interaktion auf Deutsch sehr oft gelingt, vor allem bei Schüler_innen der Sek II und hier an erster Stelle den Schülerinnen.

Die Schülerinnen mit einem migrationsbedingt mehrsprachigen Hintergrund sind ihren Mitschülern gleichen Hintergrundes, unabhängig von der Schulform, in beinahe allen Kompetenzbereichen überlegen. Lediglich in den Förderschulen bereitet ihnen das Leseverstehen häufiger Schwierigkeiten als ihren Mitschülern (Differenz zu den Schülern: 8,7 %). In allen anderen Kompetenzbereichen weisen nach Angaben der Lehrkräfte die Schüler die größeren Schwierigkeiten auf.

Werden die Schüler_innen nach den Schulformen miteinander verglichen, so wird deutlich, dass selbst für die Schülerschaft der Sek II, vor allem die männliche Schülerschaft, in den Bereichen Leseverstehen und Schreiben Schwierigkeiten vorhanden sind. Im Gegensatz zu den Schülergruppen der restlichen Schulformen zeigen diese jedoch in den Kompetenzbereichen Hörverstehen und Sprechen häufig bessere Leistungen. Dies bedeutet, dass auch in der gymnasialen Oberstufe ein besonderes Augenmerk auf die Schreibfertigkeiten der Schüler_innen mit Deutsch als Zweitsprache zu legen ist und auch das Leseverstehen weiterhin im Blickwinkel der Lehrkräfte stehen sollte.

Am deutlichsten ist diese Situation in den Grund- und Förderschulen. In diesen Schulformen sind bei der sprachlich heterogenen Lern(er)gruppe mit Migrationshintergrund in allen vier Kompetenzbereichen weitreichende, nachhaltige Hilfestellungen notwendig.

In diesem Zusammenhang ist die Argumentation von Hoffmann (2011, S. 12) beachtenswert. Die reflektierende Auseinandersetzung mit Sprache, die sich mit dem Erwerb der Schrift verbindet ist ausschlaggebend. Zudem sei sowohl die Grammatik als auch der Wortschatz der migrationsbedingt mehrsprachigen Lern(er)gruppen zu fördern, weil das Schreiben die jeweilige Explizitsprache, das grammatisch ausgebaute System einer Einzelsprache erfordert und grammatisches Bewusstsein voraussetzt. Diese Erkenntnis darf für alle Schulformen vorausgesetzt werden.

Abbildung 14: *Schwierigkeiten der Schülerinnen in den kommunikativen Basiskompetenzen nach Schulform ($N_{Primarstufe}$ = 91; $N_{Förderschule}$ = 23; $N_{Sek\ I}$ = 84; $N_{Sek\ II}$ = 44) (Mehrfachantwort möglich)*

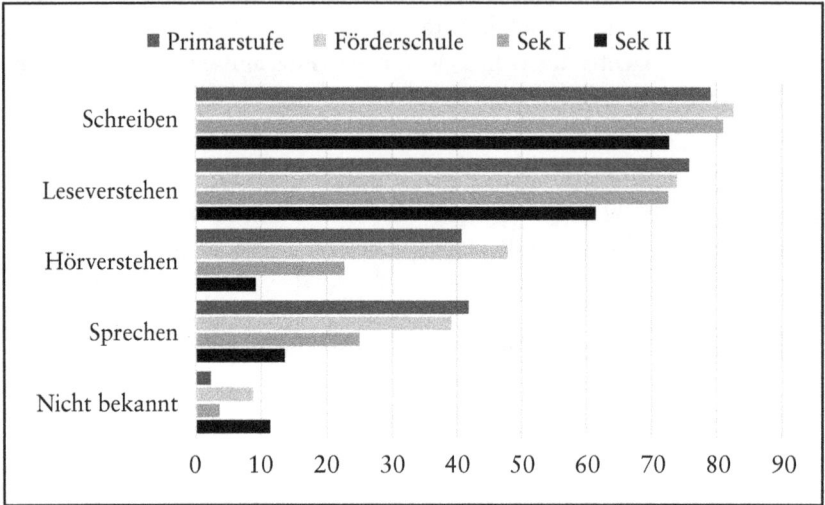

Abbildung 15: *Schwierigkeiten der Schüler in den kommunikativen Basiskompetenzen nach Schulform ($N_{Primarstufe}$ = 90; $N_{Förderschule}$ = 23; $N_{Sek\ I}$ = 85; $N_{Sek\ II}$ = 43) (Mehrfachantwort möglich)*

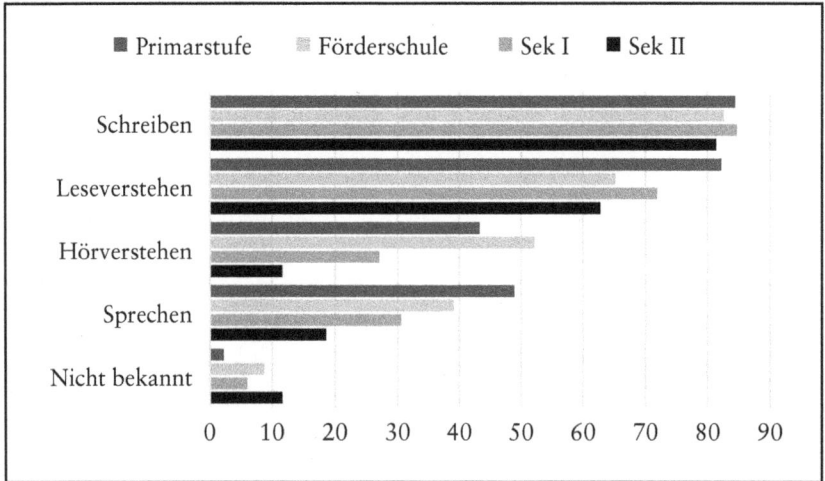

3.2.4 Einschätzung der Sprachkenntnisse in Deutsch

Hinsichtlich der Sprachkenntnisse der Schüler_innen sind relativ übersichtliche Ergebnisse zu konstatieren. Eine Differenzierung der Angaben nach Geschlecht führt vor Augen, dass die Lehrkräfte die Sprachkenntnisse ihrer Schülerinnen mit einem migrationsbedingt mehrsprachigen Hintergrund in Deutsch besser einschätzen als bei ihren Schülern. In Noten ausgedrückt können folgende Ergebnisse zusammengefasst werden:

Während nur 5,8 % der Schülerinnen die Note *mangelhaft* zugeschrieben wird, steigt dieser Wert bei den Schülern auf fast 10 %. Außerdem erreicht nur etwa ein Viertel (23,5 %) von ihnen die Note *gut*. Gute Sprachkenntnisse in Deutsch erreicht hingegen fast ein Drittel (34,2 %) der Schülerinnen nach Einschätzung ihrer Lehrer_innen.

Abbildung 16: Einschätzung der Sprachkenntnisse in der L2 ($N_{Antworten\ zu\ den\ Schülern}$ = 238; $N_{Antworten\ zu\ den\ Schülerinnen}$ = 240)

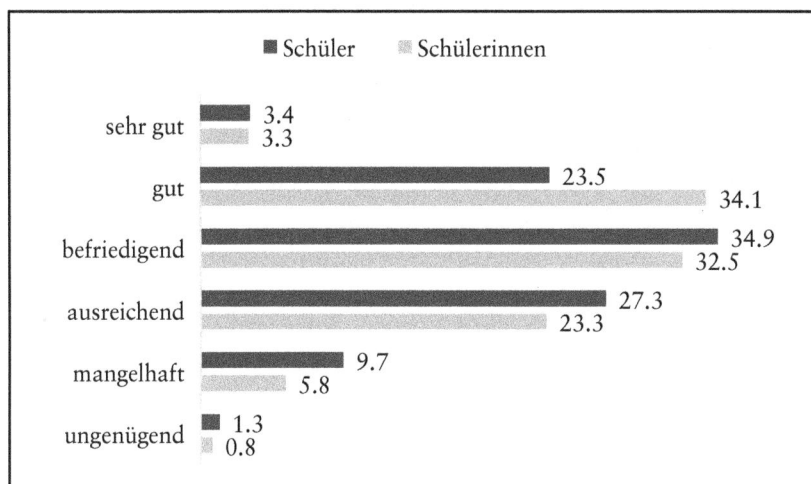

Abbildung 17: Deutschnoten ($N_{\text{Antworten zu den Schülern}} = 238$; $N_{\text{Antworten zu den Schülerinnen}} = 242$)

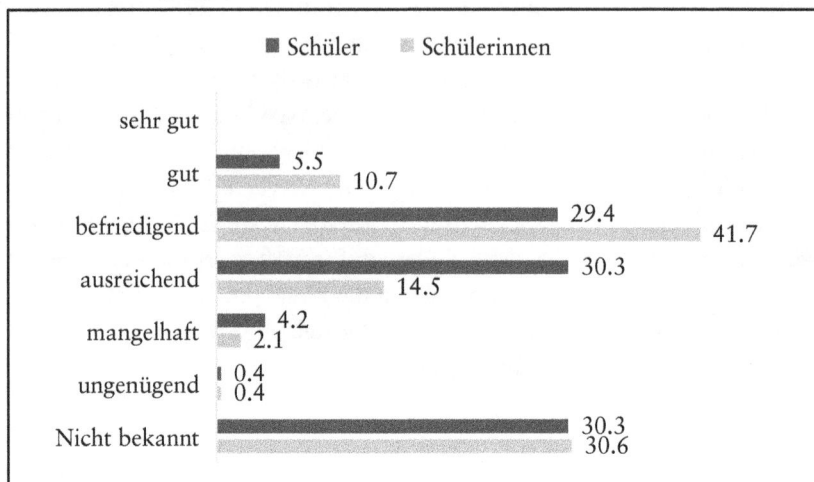

■ Schüler   ▨ Schülerinnen

sehr gut	
gut	5.5 / 10.7
befriedigend	29.4 / 41.7
ausreichend	30.3 / 14.5
mangelhaft	4.2 / 2.1
ungenügend	0.4 / 0.4
Nicht bekannt	30.3 / 30.6

Ähnliche Ergebnisse sind bei den Deutschnoten festzustellen. Schülerinnen mit einer anderen Erstsprache als Deutsch erzielen im Gegensatz zu ihren gleichaltrigen Mitschülern mit migrationsbedingt mehrsprachigem Hintergrund eine bessere Deutschnote. Demnach erreichen etwa doppelt so viele Schülerinnen die Note *gut* in diesem Fach. Über zwei Fünftel (41,7 %) stehen laut den Angaben ihrer Lehrer_innen auf *befriedigend*.

Die Schüler dahingegen bewegen sich häufig zwischen *befriedigend* und *ausreichend*. Dieses Notenbild bildet mit einer großen Wahrscheinlichkeit die realen Deutschnoten der Schüler_innen mit einem migrationsbedingt mehrsprachigen Hintergrund ab. Denn Lehrer_innen, die über die Deutschnoten ihrer Lern(er)gruppe nicht informiert waren und deshalb keine konkreten Angaben dazu machen konnten, hatten die Möglichkeit, sich nicht dazu zu äußern. Dies trifft auf über 30 % von ihnen zu.[5]

---

5 Die Unterrichtsfächer der Lehrer_innen wurden nicht erhoben – es ist also nicht bekannt, welche Fachlehrer hier vertreten sind. Deshalb soll eine Korrelation der Einschätzungen mit den Deutschnoten nicht erfolgen. Es ist zu vermuten, dass die Wahrnehmung der Sprachkenntnisse durch die Lehrer_innen mit den unterschiedlichsten Unterrichtsfächern keinen unmittelbaren Einfluss auf die

3.2.5 Besonders gute Leistungen in den Schulfächern

Im Hinblick auf die besonders guten Leistungen in den Schulfächern zeigen sich erneut deutliche Unterschiede zwischen Schülerinnen und Schülern. Lediglich in den *gesellschaftswissenschaftlichen* Fächern liegen die Werte der Schüler_innen nah beieinander. Allerdings sind in diesem Kontext vorrangig niedrige Leistungen festzustellen.

Nach Angaben der Lehrer_innen erzielt die Mehrheit der Schüler in den *mathematisch-naturwissenschaftlichen* Fächern (42,9 %) und dem Fach *Sport* (52,1 %) besonders gute und hohe Leistungen. Besonders geringe Leistungen dahingegen erzielen sie in *musisch-künstlerischen* (9,2 %) und *sprachlich-literarischen* Fächern (7,1 %). Werden die Angaben zu den Schülerinnen in den Blick genommen, so muss diese Verteilung lediglich umgekehrt werden. Das bedeutet: Anders als die Schüler haben die Schülerinnen ihre Stärken in den letztgenannten beiden Fächern. Ihre Potenziale scheinen an erster Stelle in *musisch-künstlerischen* (51 %) und *sprachlich-literarischen* (21,9 %) Kontexten zu liegen.

Nichtsdestotrotz erzielen die Schülerinnen in den *sprachlich-literarischen* Fächern weit geringere Leistungen als in *musisch-künstlerischen* Fächern. Die Schüler erreichen dort, wie bereits erwähnt, mit 7,1 % sogar die niedrigsten Werte. Aufgrund dieser Tatsache stellt sich stets die Frage nach den Ursachen für die niedrigen Werte in diesen Fächern. Weshalb erzielen Schüler_innen, die mehrsprachig aufwachsen und den Großteil ihrer Bildungsbiografie in Deutschland durchlaufen, vorrangig in *sprachlich-literarischen* Fächern geringe Leistungen? Welche Funktion kommt der Mehrsprachigkeit zu und wie gelingt es, das Potenzial, das sprachlich heterogene Lern(er)gruppen mitbringen, auszuschöpfen?

Deutschnoten der Schüler_innen haben wird. 16 Lehrkräfte haben keine Angaben zu den Deutschnoten gemacht.

Abbildung 18: Besonders gute Leistungen nach Schulfächern (N_{Antworten zu den Schülern} = 240; N_{Antworten zu den Schülerinnen} = 237) (Mehrfachantwort möglich)

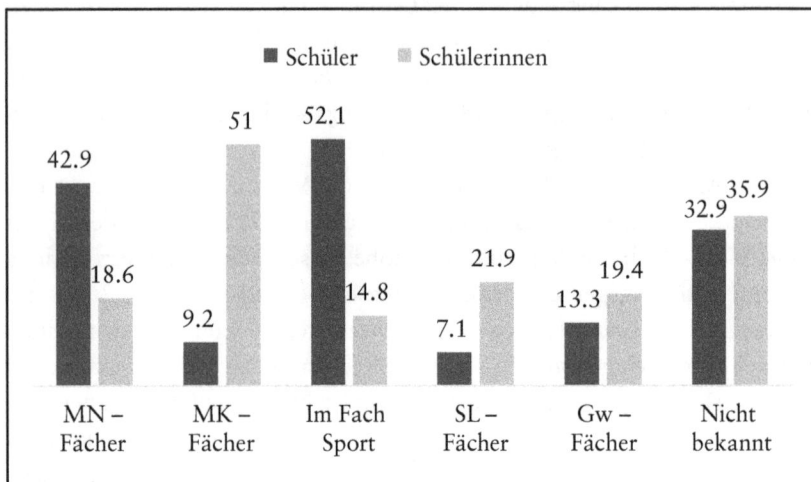

| | Schüler | Schülerinnen |

MN – Fächer	MK – Fächer	Im Fach Sport	SL – Fächer	Gw – Fächer	Nicht bekannt
42.9 / 18.6	9.2 / 51	52.1 / 14.8	7.1 / 21.9	13.3 / 19.4	32.9 / 35.9

3.3 Erstsprachen der migrationsbedingt mehrsprachigen Schülerschaft in Schule und Unterricht

3.3.1 Argumente für und gegen den Einsatz der Erstsprachen im Unterricht

Etwa zwei von fünf Lehrkräften (45,5 %) sehen die Erstsprachen ihrer Schüler_innen nicht als Teil der Unterrichtssprache an. Diese Sichtweise wird von mehr als jeder vierten Lehrkraft (27,6 %) nicht geteilt und etwa genauso viele (24 %) haben sich bisher keine Gedanken dazu gemacht.

Ein Lehrer argumentiert beispielsweise mit der hohen Anzahl der Erstsprachen, die die Berücksichtigung erschwere: „Wenn es nur 1–3 Sprachen wären, ja ...", heißt es in einem Kommentar. Er könnte sich durchaus vorstellen, die primäre Familiensprache seiner Schüler_innen im Unterricht zu berücksichtigen, ist sich aber hinsichtlich der hohen Anzahl an primären Familiensprachen unsicher und tendiert daher dazu, keine dieser Erstsprachen als Unterrichtssprache oder im Kontext Unterricht aufzugreifen. So auch die Argumentation einer Lehrerin: „Schwierig, es sind zu viele Sprachen." Während eine andere Lehrerin auf die Kompetenzen ihrer Schülerschaft zurückgreift, „wenn die [Schüler_innen] untereinander dolmetschen können" und gleichzeitig die

48

Verantwortung ihren Schüler_innen übergibt, sehen drei Lehrerinnen lediglich die Lingua franca *Englisch* als Teil der Unterrichtssprache an.

Abbildung 19: Einsatz der Erstsprachen der Schüler_innen im Unterricht (N = 246)

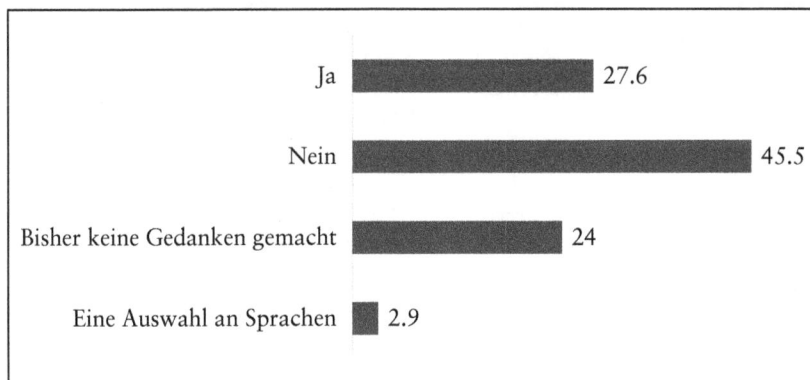

Ja	27.6
Nein	45.5
Bisher keine Gedanken gemacht	24
Eine Auswahl an Sprachen	2.9

Werden die Lehrer_innen explizit nach den Anwendungsgründen der Erstsprachen im Unterricht gefragt, so ergeben sich aus der Fülle an persönlichen Meinungen, die auf Erfahrungen aber auch Einstellungen beruhen, Argumente, die dafür, und Argumente, die dagegen sprechen. Im Folgenden werden die zentralen Aussagen der Lehrkräfte in einer Tabelle zusammengefasst und gegenübergestellt.[6] Darüber hinaus sollen die Aussagen dahingehend überprüft werden, worin sich die Meinungen von Lehrer_innen mit und von Lehrer_innen ohne migrationsbedingt mehrsprachigen Hintergrund unterscheiden.

Zunächst werden die Aussagen der Lehrkräfte mit einem migrationsbedingt mehrsprachigen Hintergrund vorgestellt:[7]

---

6 Die Lehrer_innen wurden gebeten ihre Argumentationen in maximal fünf Stichpunkten wiederzugeben. Allerdings wurden die Gedanken häufig ausformuliert. Trotzdem wird hier die Position der Teilnehmer_innen stichpunktartig vorgestellt, nur in manchen Fällen werden Antworten explizit ausgeführt. Darüber hinaus ist anzumerken, dass eine Großzahl der Lehrkräfte ihre Sichtweise nicht explizit geäußert hat. Die Anzahl der Befürworter liegt über der Anzahl der Gegner.

7 Anhand dieser Differenzierung soll es möglich sein, die Sichtweisen und Argumentationen dieser beiden Lehrergruppen zu vergleichen. Inwieweit die häufig vorausgesetzte Annahme der „interkulturellen Sensibilität und Öffnung" der

Tabelle 3: Gründe, die für und gegen eine Anwendung von Erstsprachen im Unterricht sprechen (N_{pro} = 32; N_{contra} = 16)

Pro	contra
Es wird das Gefühl von Geborgenheit und Sicherheit vermittelt.	Die Kinder sind sprach- und heimatlos, d. h. sie beherrschen die Erstsprache nicht gut genug.
Es wird gelernt, andere Kulturen und Sprachen wertzuschätzen, anzuerkennen und zu tolerieren.	Die Sprachkompetenzen der Lehrkräfte reichen nicht aus; es fehlen die personellen Rahmenbedingungen.
Der interkulturelle Horizont wird erweitert.	Das ist unrealistisch.
Die kulturelle Vielfalt wird gefördert.	Der Fachunterricht in Deutsch ist wichtiger.
Die (herkunftskulturelle) Identität wird gestärkt.	Die deutsche Sprache ist für berufliche Perspektiven und die Zukunft wichtiger.
Sprachen können miteinander verglichen und es kann ein Bewusstsein für die Struktur von Sprachen entwickeln werden.	Es ist sinnvoller, Weltsprachen, z. B. Englisch, zu fördern.
Die Mehrsprachigkeit ist Teil der Identität.	Der Unterricht kann so nicht gemeistert werden.
Diese Form des Unterrichts bietet eine Stütze für die Verständigung im Unterricht.	Dadurch werden schwache Schüler_innen überfordert.
Die Anwendung bietet eine Stütze für den Erwerb grundlegender Sprachkenntnisse in der Zweitsprache Deutsch und anderen Fremdsprachen.	Die primär deutschsprachigen Schüler_innen dürfen nicht ausgeschlossen werden.
Die Erstsprache wird erhalten und gefördert.	
Das eigene Selbstwertgefühl wird gesteigert.	
Aufmerksamkeitsdefizite werden beseitigt.	
Der Unterricht wird bereichert.	

Lehrkräfte mit einem migrationsbedingt mehrsprachigen Hintergrund sich hier bestätigt und sich die der Lehrer_innen mit der Erstsprache Deutsch negieren lässt, soll anhand der Aussagen überprüft werden. Die Intention ist es nicht, die Aussagen zu bewerten – alle Meinungen sind objektiv zu betrachten und werden für die Entwicklung von Studium, Schule und Unterricht als wertvoll erachtet.

Im nächsten Schritt sollen nun die zentralen Aussagen der Lehrer_innen ohne migrationsbedingt mehrsprachigen Hintergrund herausgearbeitet werden:

Tabelle 4: *Gründe, die für oder gegen eine Anwendung von Erstsprachen im Unterricht sprechen* (N_{pro} = 103; N_{contra} = 75)

Pro	contra
Die Motivation der Schüler_innen wird gesteigert.	Es existiert eine Vielfalt an Sprachen; es ist unmöglich, alle Sprachen zu berücksichtigen.
Die Anwendung bietet eine Stütze für die Verständigung im Unterricht.	Es ist ein Hindernis für das Erlernen der Zweitsprache Deutsch.
Es besteht die Möglichkeit, an das Vorwissen und die Lebenswirklichkeit der Schüler_innen anzuknüpfen.	Hierfür ist der HSU gedacht; es ist eine klare Trennung zwischen dem Deutschunterricht und dem HSU erforderlich.
Es ist möglich, Sprachen miteinander zu vergleichen; die Schüler_innen werden für sprachliche Unterschiede, Gemeinsamkeiten und Interkulturalität sensibilisiert.	Es fehlen die entsprechenden personellen Rahmenbedingungen.
Anderssprachige Schüler_innen werden akzeptiert und toleriert.	Die Anwendung fördert die ethnische Separation.
Es wird ein Gefühl der Geborgenheit vermittelt.	Die deutsche Sprache ist wichtiger als die Erstsprache. Der Lebensmittelpunkt ist schließlich in Deutschland und andere Sprachen sind für das Leben hier nicht relevant.
Die Verbundenheit zur Erstsprache und zur Herkunftskultur wird gestärkt, es kommt zu einer stärkeren emotionalen Bindung.	Die Schüler_innen sollen sich mit Deutschland identifizieren.
Die Mehrsprachigkeit ist eine Ressource, sie ist eine Bereicherung und gesellschaftliche Realität.	Dieser Unterricht fördert Ausgrenzungserfahrungen (z. B. Cliquenbildung, Ausgrenzung von Schüler_innen mit der Erstsprache Deutsch).
Verschiedene Kompetenzen der Schüler_innen werden sichtbar.	Aufgrund der niedrigen Anzahl an migrationsbedingt mehrsprachigen Schüler_innen ist dies nicht erforderlich.
Interkulturelle Verständigung und interkulturelles Lernen werden gefördert.	Die Lernzeit für die deutsche Sprache wird reduziert; das ist kontraproduktiv.
Das Selbstbewusstsein der Schüler_innen wird gestärkt.	Erfahrungen mit der Herkunftssprache werden bereits in außerschulischen Kontexten (z. B. in der Familie) gemacht.

Pro	contra
Die Empathiefähigkeit der primär deutschsprachigen Schüler_innen wird gestärkt.	Die Schule ist der einzige Ort, an dem Deutsch gelernt wird.
Die Chancen werden gerechter verteilt.	Der Fokus sollte auf die Schwierigkeiten dieser Schüler_innen mit der deutschen Sprache gerichtet werden.
Das Gemeinschaftsgefühl zwischen den Schülergruppen wird gestärkt.	Deutsch ist die einzige gemeinsame Sprache.
Der Unterricht ist dadurch nicht mehr sprachlich einseitig.	Die Schüler_innen können dadurch stärker überfordert werden.
Die Anwendung ist als eine kurzfristige Integrationsmaßnahme zu verstehen.	Keine Kontrolle über die Aussagen der Schüler_innen in ihrer Muttersprache, keine Möglichkeit der Überprüfung.
Der Wortschatz wird erweitert.	Den Schüler_innen soll zunächst die Sicherheit in einer Sprache (hier Deutsch) gewährleistet werden.
Es sind größere Lernfortschritte möglich.	Sprachangebote in Deutsch und Englisch sind ausreichend.
Den Schüler_innen wird die Teilnahme am Unterricht erleichtert.	Es gibt keine Gründe für die Anwendung.
	Die Lehrerressourcen sollten geschont werden.
	Das ist ein Hindernis für die Integration.

Die Sichtweisen und Argumentationen der Lehrkräfte mit und derer ohne migrationsbedingt mehrsprachigen Hintergrund ähneln sich zum Teil sehr. Diejenigen Lehrer_innen, die sich für eine Anwendung der Erstsprachen ihrer Schüler_innen im Unterricht aussprechen, legen ihren Schwerpunkt vor allem auf die Wertschätzung, Akzeptanz und Toleranz herkunftskultureller Lebenswelten. Es gilt, kulturelle Vielfalt zu verstehen und zu leben. Es gilt, den Unterstützungsbedarf der Mitschüler_innen objektiv zu betrachten und nachvollzuziehen und eine Stütze für den Lernprozess anzubieten. Hier steht nicht die Lehrkraft, sondern der einzelne Schüler bzw. die einzelne Schülerin im Zentrum. Hier wird nicht aus der Perspektive der Lehrkräfte und aus den schulischen Rahmenbedingungen heraus argumentiert, sondern aus der Perspektive der Lernenden und aus der gesellschaftlichen Alltagsrealität. Deshalb wird die Mehrsprachigkeit als „ein Schatz" aufgefasst, den es zu fördern gilt.

Darüber hinaus werden Aspekte wie *Geborgenheit* und *Sicherheit* thematisiert. Die Lehrer_innen sind also der Ansicht, dass die Anwendung der

Erstsprache ihrer Schüler_innen ihnen nicht nur die Teilnahme am Unterricht erleichtert und Verständigungsschwierigkeiten abbaut. Ihr wird ein sehr viel tieferer Sinn zugeschrieben. Es entsteht eine Win-Win-Situation – alle profitieren von der Mehrsprachigkeit der Schüler_innen.

Die Schüler_innen mit einer anderen primären Familiensprache als Deutsch werden möglicherweise aktiver, lernen besser und erhalten die Gelegenheit, ihre aufgrund fehlender sprachlicher Fähigkeiten nicht zum Vorschein gekommenen Kompetenzen sichtbar werden zu lassen – auch deshalb, weil sie in entsprechenden Situationen und Kontexten auf ihr (sprachliches) Vorwissen und ihre Lebenswirklichkeit zurückgreifen dürfen. Sie sind dadurch motivierter und erweitern auch ihre Deutschkenntnisse. Ihre Mitschüler_innen mit der Erstsprache Deutsch werden in diesen Unterrichtssituationen aufmerksamer, sensibler für Unterschiede und Gemeinsamkeiten und sie erhalten einen Einblick in verschiedene Herkunftssprachen.

In beiden Fällen werden interkulturelle Kompetenzen gefördert, es wird Identitätsarbeit geleistet und das Gemeinschaftsgefühl gestärkt. Der Unterricht wird insofern bereichert, als dass er in sogenannten Unterstützungsmomenten nicht mehr nur auf die bisherige Unterrichtssprache Deutsch beschränkt wird. Die Schüler_innen erhalten die Möglichkeit, auf diejenige Sprache zurückzugreifen, die ihnen in der entsprechenden Situation für die entsprechende Aufgabe eine Unterstützung bietet. Der Unterricht ist nicht mehr sprachlich einseitig, er ist vielsprachig.

Doch, welche Sichtweise vertreten die Lehrkräfte, die den Gebrauch der Erstsprachen im Unterricht nicht befürworten? Lehrer_innen, die sich gegen die Anwendung der Erstsprachen im Unterricht aussprechen, heben, ähnlich wie die Befürworter, sowohl personelle als auch kognitive und soziale Aspekte hervor. Am wichtigsten sind ihnen die Sprachkenntnisse ihrer sprachlich heterogenen Schülerschaft in Deutsch. Sie sollen in der Schule die Gelegenheit nicht verpassen, sich mit der deutschen Sprache und ihrer Struktur ausführlich und intensiv zu befassen, „denn woanders lernen sie es nicht", so die Meinung der Lehrerkräfte. Deshalb sei der Fachunterricht in Deutsch wichtiger. Die Teilhabe und Partizipation in Gesellschaft und Beruf gelinge letztendlich anhand der Sprache der Mehrheitsgesellschaft.

Darüber hinaus unterstützen sie die Identifikation dieser Schüler_innen mit Deutschland. Deshalb sollen sich die migrationsbedingt mehrsprachigen Schüler_innen mit der deutschen Sprache und auch Kultur auseinandersetzen.

Die Anwendung der Erstsprachen im Kontext Schule würde diesem entgegenstehen und wird deshalb als kontraproduktiv aufgefasst. Darüber hinaus fördere die Anwendung der Erstsprachen der Schüler_innen die ethnische Separation und die Exklusion ihrer primär deutschsprachigen Mitschüler_innen. Schwache Schüler_innen aus einem heterogenen sprachlichen Umfeld würden dadurch erst recht benachteiligt, denn diese sind laut einer migrationsbedingt mehrsprachigen Lehrerin „‚sprachlos' und in keiner Sprache zu Hause. In ihrer Erstsprache beherrschen sie gerade einmal ein Minimum an Alltagswörtern aus dem häuslichen Umfeld. Komplexere Sachverhalte können sie in dieser Sprache nicht formulieren." Die Anwendung der Erstsprache bietet nach Meinung mehrerer Lehrkräfte somit keine unmittelbare Unterstützung, sie dient nicht der Erleichterung des Verständigungsprozesses.

Außerdem fehlen ihrer Meinung nach die entsprechenden personellen Rahmenbedingungen, weshalb hier klar zwischen dem HSU und dem Fachunterricht Deutsch unterschieden wird. In diesem Zusammenhang rückt auch die Frage nach der fehlenden Überprüfbarkeit und Kontrolle dieser Sprachen in den Vordergrund. Des Weiteren sei es nicht möglich alle diese Erstsprachen zu berücksichtigen. Nichtsdestotrotz kann sich ein kleiner Anteil von ihnen vorstellen in bestimmten Situationen, um beispielsweise gewisse „Fachausdrücke erläutern zu lassen", die Erstsprachen ihrer Lern(er)gruppe anzuwenden. Dies verstehen sie zugleich als eine „Wertschätzung [dieser] Sprachen."

3.3.2 Einsatz der (Erst-)Sprachen im Unterricht

Werden die Lehrer_innen jedoch explizit danach gefragt, welche Sprachen bisher in ihrem Unterricht Einsatz fanden[8], so kann eine Vielzahl an (Erst-)Sprachen herausgearbeitet werden[9], in der Summe 28:

---

8   Zur Auswahl standen folgende Sprachen: Albanisch, Afghanisch, Armenisch, eine afrikanische Sprache, Arabisch, Bosnisch, Chinesisch, Englisch, Französisch, Griechisch, Hebräisch, Italienisch, Japanisch, Kasachisch, Kroatisch, Kurdisch, Persisch, Polnisch, Portugiesisch, Rumänisch, Russisch, Serbisch, Spanisch, Tamil und Türkisch.
9   Auf die Frage „Welche dieser Sprachen finden in Ihrem Unterricht Einsatz?" (Mehrfachantwort möglich) haben 37 Lehrer_innen nicht geantwortet.

An erster Stelle ist Englisch zu erwähnen. In fast 60 % der Fälle fand die englische Sprache im Unterricht Einsatz – ein Hinweis auf deren Status, der bereits auf den vorherigen Seiten deutlich wurde. Etwa halb so viele Lehrer_innen (30,3 %) – vor allem die Grundschullehrer_innen (11,9 %) und Lehrkräfte der Sek I (10,9 %) – haben in ihrem Unterricht sogar Türkisch gesprochen oder erlaubt, die türkische Sprache anzuwenden. Somit wurde sie fast doppelt so oft in den Unterricht integriert als Französisch (17,1 %) und die restlichen Sprachen.

Die Anzahl derer, die keinen Anwendungsbedarf wahrgenommen oder die Anwendung aus den in Kapitel 3.3.1 genannten Gründen abgelehnt haben, liegt dennoch bei fast einem Viertel (24,6 %). Dies betrifft an erster Stelle die Lehrkräfte der Sek I (8,6 %) und mit 7,6 % die der Sek II.

Abbildung 20: Anwendung der (Erst-)Sprachen im Unterricht (N = 209) (Mehrfachantwort möglich)

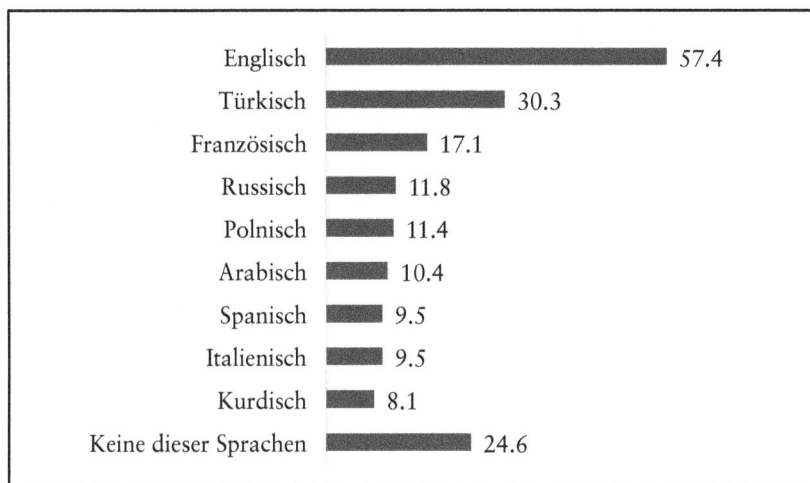

Sprache	Wert
Englisch	57.4
Türkisch	30.3
Französisch	17.1
Russisch	11.8
Polnisch	11.4
Arabisch	10.4
Spanisch	9.5
Italienisch	9.5
Kurdisch	8.1
Keine dieser Sprachen	24.6

3.3.3 Einsatz der (Erst-)Sprachen in den Sozialformen

Des Weiteren wurde untersucht, in welchen Sozialformen diese (Erst-)Sprachen zum Einsatz kommen. Zunächst werden die Daten nach dem Einsatz der Erstsprachen differenziert. Danach interessiert, ob migrationsbedingt mehrsprachige Schüler_innen in gewissen Unterrichtssituationen als *Experten* fungieren.

Abbildung 21: Anwendung der (Erst-)Sprachen in Sozialformen (N = 239)
(Mehrfachantwort möglich)

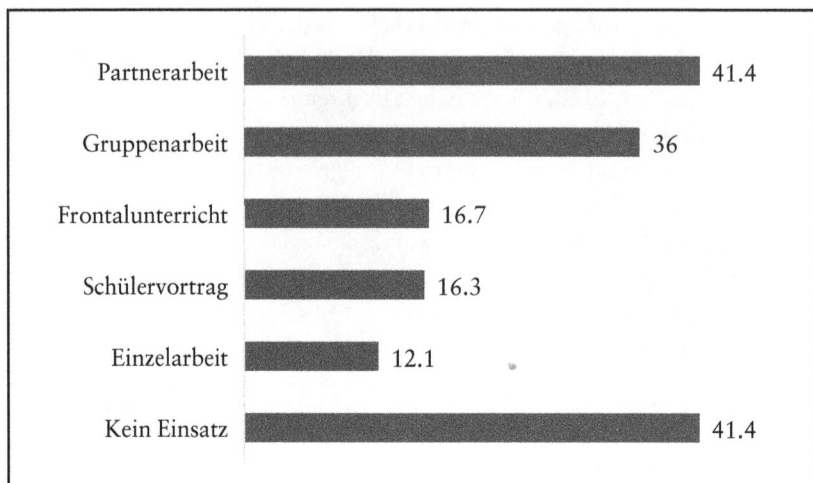

Sozialform	Wert
Partnerarbeit	41.4
Gruppenarbeit	36
Frontalunterricht	16.7
Schülervortrag	16.3
Einzelarbeit	12.1
Kein Einsatz	41.4

Die Lehrer_innen tendieren überwiegend (41,4 %) dazu, die Erstsprachen ihrer migrationsbedingt mehrsprachigen Schüler_innen in Partnerarbeiten einzusetzen. In dieser Sozialform scheinen sie den größten Effekt zu erkennen. Jedoch bietet sich für über ein Drittel (36 %) der Lehrkräfte auch die Gruppenarbeit als eine mögliche Form für die Anwendung anderer Sprachen als Deutsch an.

In der Einzelarbeit erhalten die migrationsbedingt mehrsprachigen Lern(er)gruppen nicht die Gelegenheit, sich auf ihre Sprachkenntnisse in ihrer Erstsprache oder einer anderen Sprache als Deutsch zu beziehen. Gleiches gilt für den Frontalunterricht und die Schülervorträge. Demnach verwenden etwa 17 % der Lehrkräfte bei der direkten Vermittlung von Inhalten eine andere Sprache als Deutsch. Etwa gleich viele genehmigen dies auch bei Schülervorträgen.

Diejenigen Lehrkräfte, die sich im Frontalunterricht auch einer anderen Sprache als Deutsch bedienen, beziehen sich an erster Stelle auf die englische Sprache. Über 65 % dieser Lehrer_innen nutzen je nach Kontext ihre Sprachkenntnisse in Englisch. Doch auch Türkisch wird mit über 60 % sehr oft genutzt. Aufgrund der hohen Werte bei den Schülervorträgen ist jedoch davon auszugehen, dass es sich in Bezug auf diese beiden Sprachen um den

Fachunterricht handelt. Denn ein etwa genauso hoher bzw. sogar höherer Anteil der Schüler_innen vermittelt entsprechende Inhalte auch in Englisch (70,3 %) oder Türkisch (56,8 %). Gerade im Fall von Englisch, aber auch Französisch reichen die aktiven Sprachbeiträge der Schüler_innen über die der Lehrer_innen hinaus.[10]

Abbildung 22: Auswahl an Erstsprachen in den Sozialformen ($N_{Englisch}$ = 115; $N_{Türkisch}$ = 51; $N_{Russisch}$ = 25; $N_{Polnisch}$ = 24; $N_{Kurdisch}$ = 17; $N_{Arabisch}$ = 12) (Mehrfachantwort möglich)

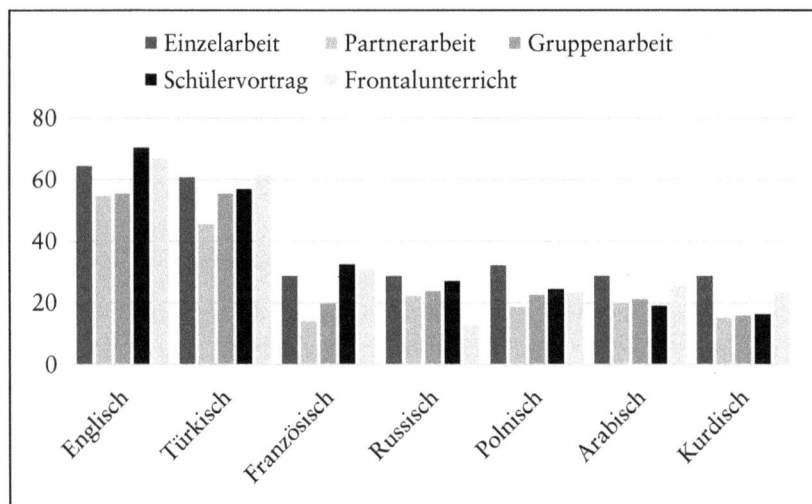

Durch den Einsatz der Erstsprachen in den unterschiedlichen Sozialformen, besonders in Partner- und Gruppenarbeiten, könnte die Partizipation am Unterricht günstig beeinflussen. Schließich stellt Rehbein (2010) fest, dass Schüler_innen mit einer anderen Erstsprache als Deutsch dem Deutschunterricht oft schwer folgen können, weil die Arbeitssprache auf die deutsche Sprache reduziert wird. Jedoch würden viele Schüler_innen ihre Herkunftssprachen als Arbeitssprache verwenden, auch wenn ihre Denksprache[11]

---

10 Die restlichen Sprachen liefern keine aussagekräftigen Ergebnisse und bleiben daher unberücksichtigt.
11 In der Sprachforschung wird zwischen der Denksprache- und der Arbeitssprache unterschieden (vgl. Grießhaber/Özel/Rehbein 1996). Mit der Arbeitssprache ist

Deutsch sei. Weiterhin argumentiert Rehbein (vgl. 2010: 29), dass die Verstehensproblematik nicht immer in den deutschen Ausdrücken begründet sei, sondern in der Sprache, mit der die Begriffe erklärt werden. Von daher wird es als vorteilhaft erachtet auch im Fachunterricht bei der Fachwortschatzvermittlung den alltäglichen Handlungsraum, Zusammenhang sowie den Gebrauch von Wörtern in der Vorstellungs- und Verstehenswelt der Lernenden zu erklären, idealerweise auch unter Hinzuziehung von Wörtern aus der Erstsprache.

Lehrer_innen können die Erstsprachen der Schüler_innen im Unterricht gewinnbringend nutzen. Hierfür benötigen sie ein Verständnis von Sprachstrukturen, jedoch müssen sie nicht zwingend diese Sprachen beherrschen – ihre Schüler_innen fungieren als Experten. Die sprachlichen Ressourcen in der Erstsprache finden die migrationsbedingt mehrsprachigen Schüler_innen vorrangig in Partner- und Gruppenarbeiten Anwendung.

3.3.4 Sprachlich heterogene Schüler_innen als Experten

Anhand dieser Ergebnisse ist es u. a. möglich, sich die Unterrichtssituation im Fachunterricht vor Augen zu führen: Im Englisch- und Französischunterricht liegt der Schwerpunkt eindeutig auf den Schülervorträgen und Einzelarbeiten. Im Türkischunterricht hingegen überwiegen Lehrerbeiträge und Einzelarbeiten. Doch auch Gruppenarbeiten stellen in diesem Unterricht nicht die Ausnahme dar.

Dabei fungieren migrationsbedingt mehrsprachige Schüler_innen im Hinblick auf ihre Kompetenzen in ihrer Erstsprache in allen Schulformen als Experten. Besonders in der Primarstufe und Sek I – hier ist der Anteil an migrationsbedingt mehrsprachigen Schüler_innen mit fast 40 % sehr hoch (vgl. Kapitel 3.2.1) –, vor allem aber auch in den Förderschulen – hier reicht dieser Wert bis zu 50 % (vgl. ebd.) – fungieren die Schüler_innen zu mindestens 77 % bis hin zu 85 % als Experten. In der Sek II wird ihre Sprachkompetenz in ihrer Erstsprache zu über 35 % als nicht erforderlich angesehen.

---

das Organisieren des Verstehens und das Verständlichmachens gemeint (vgl. Rehbein 2010).

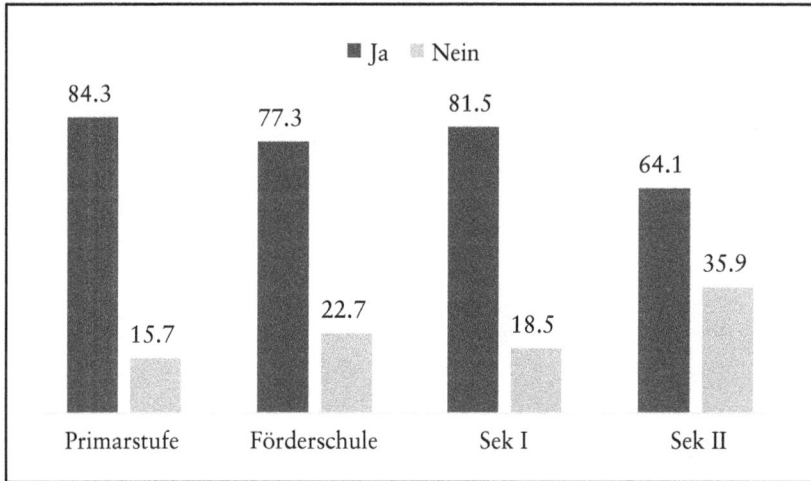

3.3.5 Wechselwirkung zwischen der L1 und L2

Auf der Grundlage der bisher vorgestellten Ergebnisse in den vorherigen Kapiteln ist es wenig verwunderlich, dass über drei Fünftel (61,5 %) der Lehrer_innen das Erfassen von Sachverhalten und Texten auf Deutsch als eine Herausforderung für ihre Schülergruppe mit migrationsbedingt mehrsprachigem Hintergrund sehen. Etwas mehr als ein Viertel (27,5 %) definiert diese Herausforderung sogar als sehr groß. Lediglich zwei von 244 Lehrkräften sehen hier für ihre Lern(er)gruppe keine Schwierigkeiten.

Abbildung 24: Schwierigkeiten beim Erfassen von Sachverhalten und Texten auf Deutsch (N = 244)

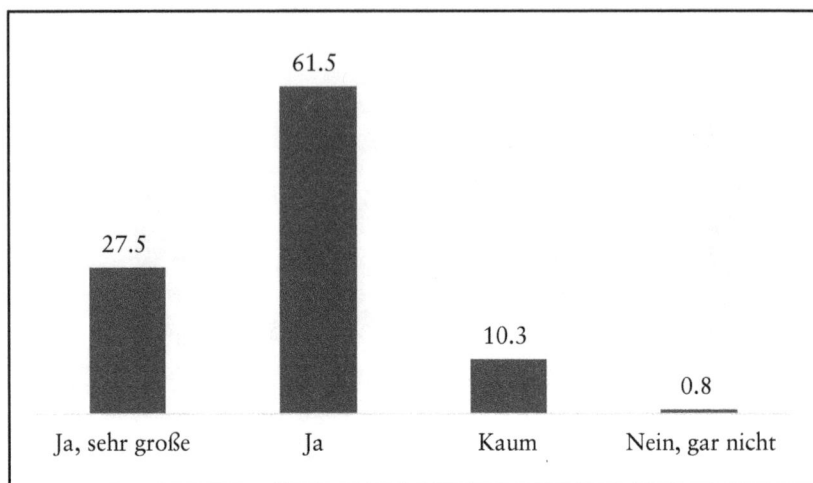

	61.5		
27.5			
		10.3	
			0.8
Ja, sehr große	Ja	Kaum	Nein, gar nicht

Was die Ressourcen der migrationsbedingt mehrsprachigen Schüler_innen in ihrer Erstsprache und ihrer Zweitsprache Deutsch[12] anbelangt, sind sich die Lehrkräfte eher uneinig. Hier variieren die Aussagen sehr, sodass keine konkreten Angaben zu den verfügbaren sprachlichen Ressourcen dieser Schülergruppen gemacht werden können. Fast 45 % der Lehrer_innen können keine Aussage darüber treffen, ob die Ressourcen ihrer Lern(er)gruppe in ihrer Erstsprache größer sind als die in ihrer Zweitsprache Deutsch. Somit scheint dem Großteil von ihnen die Sprachwelt ihrer Lern(er)gruppen eher unbekannt zu sein. Dennoch schätzt etwa jede fünfte Lehrkraft (21,1 %) die Ressourcen ihrer Schüler_innen in der L2 höher ein als in ihrer L1. Anderer Meinung sind 16,3 % der Lehrkräfte. Diesen Einschätzungen zufolge ist es jedoch wahrscheinlich, dass die migrationsbedingt mehrsprachigen Schüler_ innen nicht nur in ihrer L2, sondern auch in ihrer L1 weitere sprachlicher Ressourcen erwerben sollten. Schließlich plausibilisieren die Aussagen der Lehrkräfte zum „mentalen Lexikon" ihrer Lern(er)gruppe diesen Zustand.

---

12 Im Rahmen dieser Studie wurde der familiale Sprachkontext nicht erfragt, sodass hier neben der Erstsprache die deutsche Sprache als die Zweitsprache der Schüler_innen anzunehmen ist.

Abbildung 25: Lückenfüller im mentalen Lexikon (N = 247)

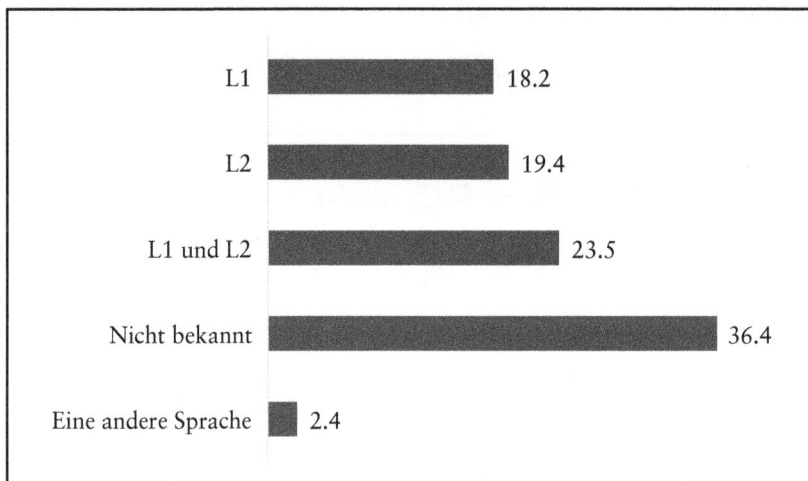

L1	18.2
L2	19.4
L1 und L2	23.5
Nicht bekannt	36.4
Eine andere Sprache	2.4

Fast 25 % aller Lehrer_innen machen auf das Konzept des Code-Switching (vgl. Özdil 2010) aufmerksam. Nach Meinung dieser Lehrkräfte übernimmt weder die L1 noch die L2 die Überhand, beide Sprachen werden beliebig eingesetzt und dienen situativ als Lückenfüller. Dennoch beobachten fast 20 % von ihnen primär die L2 ihrer Lern(er)gruppe als Lückenfüller. Entsprechend der Beobachtungen der Lehrkräfte greifen die Schüler_innen auf ihr L2 zurück, wenn sie nicht weiterwissen bzw. ihnen ein Wort fehlt – etwa gleich viele Lehrer_innen (18,2 %) sehen das umgekehrt.

3.3.6 Erstsprachen als Wahl- oder Wahlpflichtfach

Die Erstsprachen der Schüler_innen werden i. d. R. nicht als Wahl- oder Wahlpflichtfächer angeboten, so die Aussage von etwa 70 % der Lehrer_innen. Der Blick auf die übrigen 30 % zeigt, dass Türkisch mit über 50 % am meisten als Wahl- oder Wahlpflichtfach zur Auswahl steht. Russisch oder Arabisch liegen weit dahinter, die russische Sprache mit ca. 21 % jedoch über 12 Prozentpunkte vor Arabisch mit knapp unter 9 %.[13] Während Griechisch mit 6,3 % noch ähnlich oft wie Arabisch als Wahl- bzw. Wahlpflichtfach

---

13 Die Frage nach den Wahl- bzw. Wahlpflichtfächern wurde von 168 Lehrer_innen nicht beantwortet.

gewählt werden kann, trifft dies für die übrigen Sprachen, hier an erster Stelle Kroatisch und Polnisch, eher selten zu.

Abbildung 26: Wahl- bzw. Wahlpflichtfächer (N = 80) (Mehrfachantwort möglich)

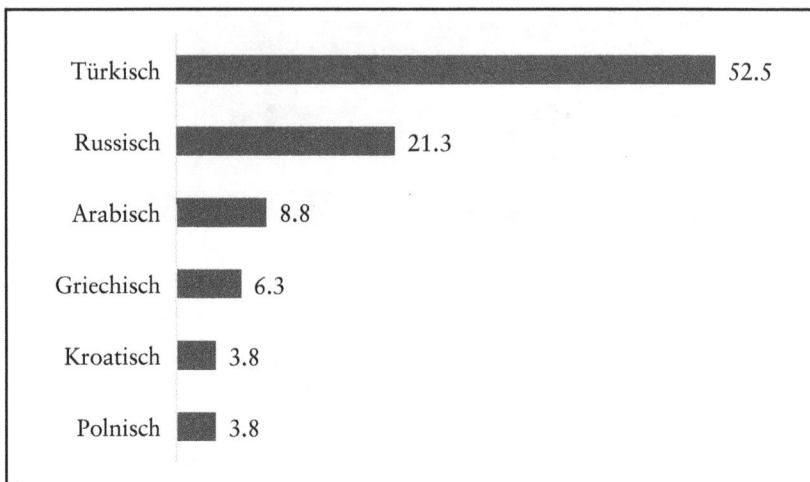

Sprache	Prozent
Türkisch	52.5
Russisch	21.3
Arabisch	8.8
Griechisch	6.3
Kroatisch	3.8
Polnisch	3.8

Auf der Basis der bisher vorgestellten Ergebnisse ist es wenig verwunderlich, dass nur wenige Erstsprachen als Abiturfächer legitimiert sind und folglich den Zugang zu einer universitären Ausbildung unmittelbar mitbestimmen. Obwohl Türkisch mit über 50 % in den Schulen als Wahl- bzw. Wahlpflicht-fach angeboten wird, wird es von 20 %[14] der Lehrer_innen auch als Abitur-fach genannt. Neben Türkisch können aber auch Russisch (15 %), Italienisch (12,5 %) und beispielsweise auch Chinesisch (5 %) im Abitur gewählt wer-den. In manchen Bundesländern stehen auch Portugiesisch (2,5 %), Japanisch (2,5 %) und Griechisch (2,5 %) zur Auswahl. Gewöhnlich sind es vor allem die Fächer Spanisch, Französisch und Englisch, die Schüler_innen im Abitur zur Auswahl stehen.[15]

---

14 N beträgt für diese und die nachfolgenden Prozentangabe/n 72.
15 Eine Differenzierung nach Bundesländern soll im Folgenden nicht erfolgen, weil die Angaben der Lehrer_innen zu den Wahlfächern im Abitur teilweise unvoll-ständig sind.

3.3.7 Sprachförderung in Deutsch

Etwa einem Drittel (32,6 %) der Lehrer_innen der Sek II ist nicht bekannt, ob der Sprachförderunterricht in Deutsch additiv oder integrativ erfolgt. Sprache und die Sensibilität für Sprachen scheinen hier – um es vorsichtig zu formulieren – in den Hintergrund zu rücken.

Abbildung 27: Sprachförderung in Deutsch (N$_{Primarstufe}$ = 90; N$_{Förderschule}$ = 22; N$_{Sek I}$ = 83; N$_{Sek II}$ = 43)

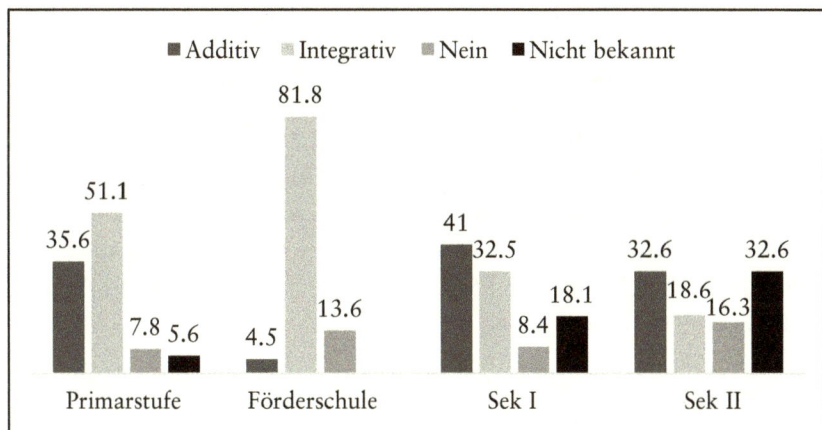

In den restlichen Schulformen hingegen scheint Sprachbildung in Deutsch eine wichtigere Rolle einzunehmen. Je nach Schulform kommt die additive oder integrative Methode zum Einsatz. Während vor allem in den Förderschulen (81,8 %) und der Primarstufe (51,1 %) eine eindeutig integrative Sprachbildung zu beobachten ist, findet Sprachbildung in der Sek I schwerpunktmäßig in außerschulischen Zusammenhängen statt. Über 40 % dieser Lehrkräfte geben an, dass Sprachförderung in Deutsch additiv erfolgt.

Die Themen Sprachbildung und Sprachförderung sind dennoch an erster Stelle für Lehrer_innen der Förderschule und der Primarstufe relevant. In den restlichen Schulformen – hier hauptsächlich in der Sek II – werden sprachliche Kompetenzen in Deutsch möglicherweise bereits vorausgesetzt und deshalb nicht unmittelbar zum Unterrichtsgegenstand gemacht.

3.3.8 Informations- und Einladungsschreiben für Eltern

Nach Angaben der Lehrer_innen beherrscht ein sehr kleiner Anteil (5 %) der Elternschaft die deutsche Sprache ausreichend gut, um beispielsweise Informations- und/oder Einladungsschreiben zu verstehen. Deshalb werden ihnen in den meisten Fällen nach Bedarf (41,5 %) und in den wenigsten Fällen unabhängig davon, ob erforderlich oder nicht (10 %) diese Inhalte auch in ihrer Herkunftssprache zur Verfügung gestellt. An jeder dritten Schule (34 %) wird diese Hilfeleistung als nicht erforderlich angesehen. Wird jedoch davon ausgegangen, dass die Sprachkenntnisse der Eltern in Deutsch eventuell nicht ausreichen, so sind Herausforderungen in Verständigung und Kooperation zwischen Eltern und der Lehrerschaft nicht zu verhindern. Da eine geschlossene Haltung zu solchen und ähnlichen unterstützenden Angeboten mit 5 % eher eine Ausnahme darstellt, scheinen die Akteure stets unterschiedliche Lösungsangebote anzubieten oder die Sprachkenntnisse der Eltern reichen z. T. aus, um wenige wichtige Informationen aus diesen Schreiben zu entnehmen. Nur 4,5 % der Lehrerschaft können keine Aussage zu diesem Inhalt treffen.

Tabelle 5: Informations- und Einladungsschreiben in den Erstsprachen der Schülerschaft (N = 241)

Informations- und/oder Einladungsschreiben in den Erstsprachen	
Ja, je nach Bedarf	41,5 %
Nein	34,0 %
Ja	10,0 %
Nein, die Eltern beherrschen die deutsche Sprache	5,0 %
Nein, die Eltern sollen die deutsche Sprache lernen	5,0 %
Das ist mir nicht bekannt	4,5 %

3.4 Herkunftssprachenunterricht

3.4.1 Herkunftssprachenunterricht in den Schulen

Abbildung 28: HSU (N = 247)

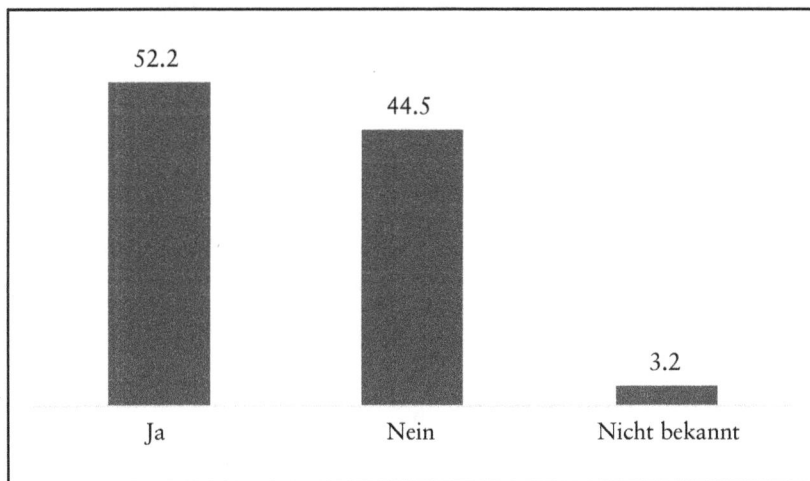

Der HSU macht in jeder zweiten Schule (52,2 %) einen Teil des Schulalltags der Schüler_innen mit einem migrationsbedingt mehrsprachigen Hintergrund aus – vorausgesetzt, die Schüler_innen nehmen dieses Angebot wahr. In etwa drei von vier Grundschulen wird der HSU zumindest als Angebot an die Schüler_innen gerichtet. In den weiterführenden Schulen[16] – besonders in den Förderschulen – rückt der HSU verstärkt in den Hintergrund. Wie bereits im vorherigen Kapitel aufgezeigt werden konnte, richten die Förderschulen ihr Augenmerk stärker auf die Sprachförderung in Deutsch als im Falle der restlichen Schulformen (vgl. Kapitel 3.3.6).

Zudem wird den Schüler_innen der Sek I eine Sprachförderung in ihrer Erstsprache zu fast 60 % nicht gewährleistet – das Angebot bleibt auch in

---

16 Möglicherweise haben die Lehrer_innen der Sek II die Fragen zum HSU in ihrer Schule mit dem Angebot des fortgeführten oder neu einsetzenden Fremdsprachenunterrichts (FSU) in Türkisch, Russisch und weiteren Herkunftssprachen in einen Zusammenhang gebracht. Ihre Angaben sollen deshalb zur Veranschaulichung der vorgestellten FSU-Formen im Rahmen von Schule und Unterricht dienen.

dieser Schulform größtenteils unberücksichtigt. Dennoch findet dort in jeder dritten Schule der HSU statt. Obwohl in der Sek II der Anteil derjenigen Lehrkräfte, die keine eindeutige Aussage zu den FSU als fortgeführte oder neu einsetzende Fremdsprache treffen können mit 11,4 % im Vergleich hoch ausfällt, scheint dieser Unterricht in dieser Schulform dennoch Berücksichtigung zu finden. Während 43,2 % dieser Lehrkräfte angeben, dass in ihrer Schule die FSU-Formen angeboten werden, äußern sich etwa genauso viele ihrer Kolleg_innen dagegen.

Abbildung 29: Angebot des HSU/HSU als FSU nach Schulform ($N_{Primarstufe}$ = 93;
$N_{Förderschule}$ = 23; $N_{Sek\,I}$ = 86; $N_{Sek\,II}$ = 44)

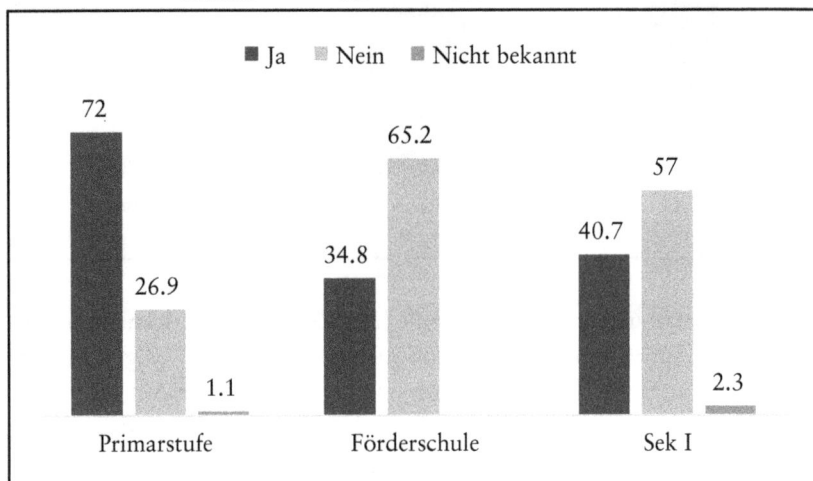

Interessant ist zudem zu erfahren, zu welchen Unterrichtszeiten der HSU in den unterschiedlichen Schulformen stattfindet und wie viele Schulstunden dafür eingeplant sind.[17]

---

17 Das Bundesland NRW hat für den HSU fünf Schulstunden eingeplant. Wie den Daten der Studie entnommen werden kann, werden aktuell nicht mehr als zwei Schulstunden in der Woche unterrichtet.

Abbildung 30: Unterrichtszeiten des HSU/HSU als FSU nach Schulform
($N_{Primarstufe}$ = 74; $N_{Förderschule}$ = 9; $N_{Sek\,I}$ = 48; $N_{Sek\,II}$ = 23)

■ Vormittags   ■ Nachmittags   ■ Nicht bekannt

77.8

73.9

46 46

41.7

29.2 29.2

17.4

8.1

11.1 11.1

8.7

Primarstufe   Förderschule   Sek I   Sek II

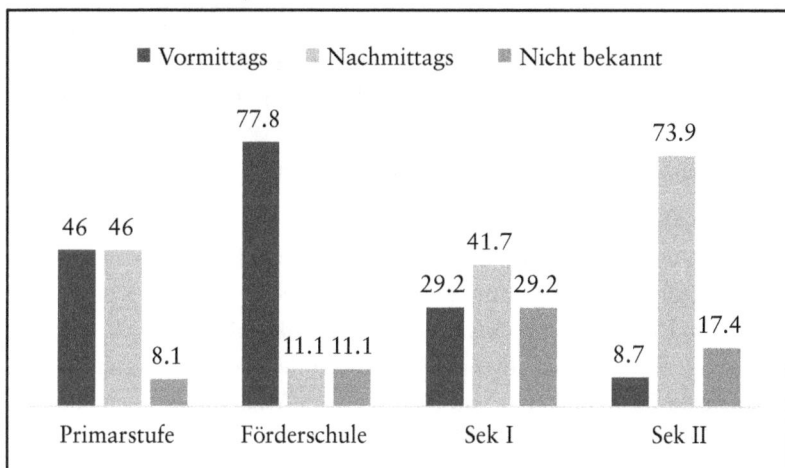

Abbildung 31: Unterrichtsstunden des HSU/HSU als FSU nach Schulform
($N_{Primarstufe}$ = 71; $N_{Förderschule}$ = 10; $N_{Sek\,I}$ = 45; $N_{Sek\,II}$ = 22)

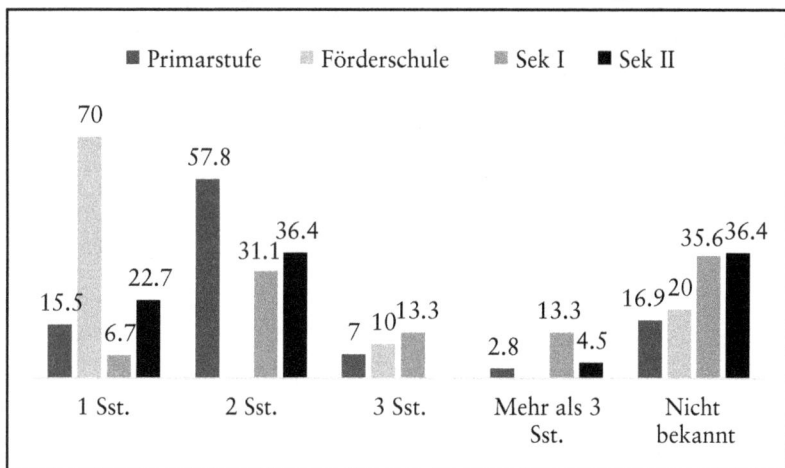

■ Primarstufe   ■ Förderschule   ■ Sek I   ■ Sek II

70

57.8

36.4

31.1

35.6 36.4

15.5

22.7

7 10 13.3

13.3

16.9 20

6.7

2.8 4.5

1 Sst.   2 Sst.   3 Sst.   Mehr als 3   Nicht
                                          Sst.   bekannt

Nach Angaben der wenigen Förderschullehrer_innen wird in den Förder-
schulen der HSU vorrangig am Vormittag angeboten. Hier erhalten die
Schüler_innen zudem häufig (70 %) nur eine Schulstunde HSU. In der Sek
II dagegen erfolgt der ESU erst am Nachmittag und beträgt in der Regel eine

(22,7 %) oder zwei (36,4 %) Schulstunden. Während in der Primarstufe die Zeiten variieren, wird in der Sek I vorrangig der Nachmittagsbetrieb für den HSU als günstig empfunden. In diesen beiden Schulformen sind i. d. R. zwei (Primarstufe: 57,8 %; Sek I: 31,1 %) und in weniger Fällen aber auch mehr als zwei Schulstunden (Primarstufe: 10,8 %; Sek I: 26,6 %) vorgesehen.

3.4.2 Angebotsstruktur des Herkunftssprachenunterrichts

Der HSU findet zu über 57 % in den üblichen Unterrichtsräumen statt. Nicht selten wird dieser aber in separate Ausweichräume übertragen. Neben einem Differenzierungsraum dient beispielsweise auch der Kunst- oder PC-Raum zu Unterrichtszwecken in der Herkunftssprache. Jedoch verfügen einige wenige Schulen auch über einen eigenen oder speziellen Raum für den HSU sowie die Fächer Islamkunde, Türkisch und Arabisch. In Ausnahmefällen findet dieser Unterricht jedoch in einer anderen Schule statt, sogar „an verschiedenen Schulen im Stadtgebiet".[18] Die Schulen legen dennoch Wert darauf, diesen Unterricht in der eigenen Schule anzubieten. Fehlende strukturelle Rahmenbedingungen werden deshalb durch den Transfer des HSU in die Schulbibliothek kompensiert. Häufig ist dies aber nicht erforderlich.

Tabelle 6: Räumlichkeiten (N = 151)

Räumlichkeiten	
in den üblichen Unterrichtsräumen	57,6 %
nicht bekannt	16,6 %
separate Ausweichräume	14,6 %
im AG-Raum	7,3 %
in der Schulbibliothek	4,0 %

Des Weiteren findet der HSU eher selten parallel zum Religionsunterricht statt. Nur jede fünfte Lehrkraft (20,5 %) beantwortet diese Frage mit einem eindeutigen *Ja*. Nichtsdestotrotz erreichen die Grund- und die Förderschulen im Hinblick auf diesen Zusammenhang höhere Werte als die restlichen Schulformen. So entscheiden sich fast 30 % der Grundschüler_innen mit

---

18 An dieser Stelle sind die sogenannten Schwerpunktschulen hervorzuheben, an denen Griechisch oder Arabisch unterrichtet wird.

einem migrationsbedingt mehrsprachigen Hintergrund für den Herkunftssprachenunterricht statt des Religionsunterrichts. In der Sek II erhalten
die Schüler_innen zu 87 % die Gelegenheit, sowohl den ESU als auch den
Religionsunterricht zu besuchen. Die Entscheidung bleibt ihnen überlassen.

Abbildung 32: Überschneidungen mit dem Religionsunterricht nach Schulform
$(N_{Primarstufe} = 74; N_{Förderschule} = 9; N_{Sek\,I} = 45; N_{Sek\,II} = 23)$

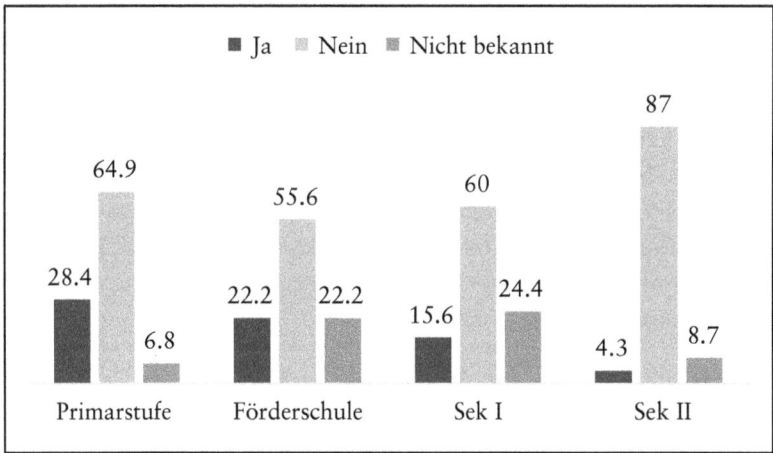

3.4.3 Teilnahme und Nachfrage am Herkunftssprachenunterricht

Abbildung 33: Teilnahme am HSU/HSU als FSU (N = 152)

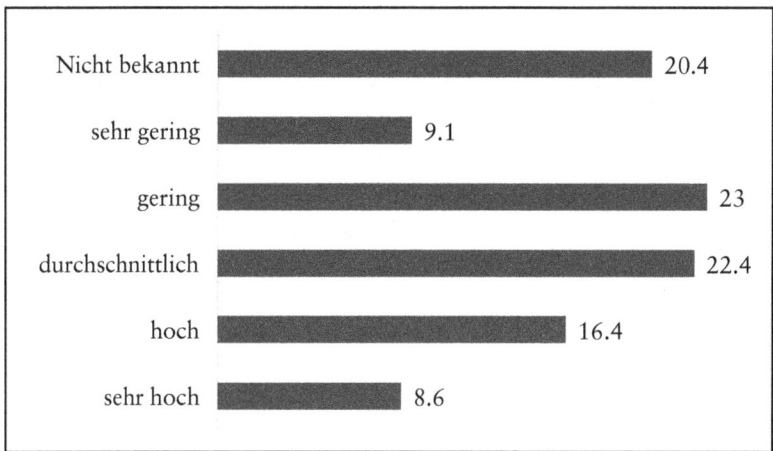

Insgesamt wird das Interesse der Schüler_innen am HSU/HSU als FSU als gering (23 %) oder durchschnittlich (22,4 %) eingeschätzt. Diese Einschätzung trifft primär für die Lern(er)gruppe der Förderschulen zu. Demnach ist das Interesse der Förderschullerner_innen zu 45 % durchschnittlich und zu 22,2 % gering.[19] Die Sek II Lehrkräfte beobachten zu über einem Drittel (36,4 %) eine gering ausgeprägte Bereitschaft ihrer Schülerschaft, den HSU als FSU zu besuchen. Im Gegensatz zu den älteren Schüler_innen wird die Motivation und Bereitschaft der Grundschüler_innen mit 20,3 % relativ hoch eingeschätzt. Dieser Wert liegt in den restlichen Fällen stets unter 20 %.

Darüber hinaus ist der Mehrheit der Sek-I- und Sek-II-Lehrkräfte über die Teilnahme ihrer Schülerschaft am HSU/HSU als FSU nicht informiert. Leicht über 30 % der Sek-I-Lehrkräfte können keine Aussage dazu treffen, wie die Teilnahme ihrer migrationsbedingt mehrsprachigen Schülerschaft am HSU/HSU als FSU ausfällt. Der Anteil der Lehrkräfte der Sek II steigt in diesem Zusammenhang auf fast 32 %.

Abbildung 34: Teilnahme am HSU/HSU als FSU nach Schulform (N_Primarstufe = 74;
N_Förderschule = 9; N_Sek I = 48; N_Sek II = 23)

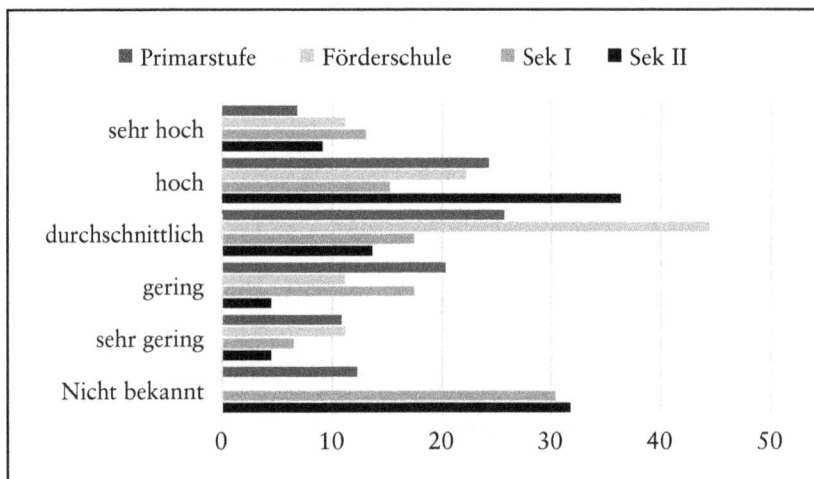

---

19 Aufgrund der niedrigen Anzahl an Antworten (N = 9) sind diese Ergebnisse mit Vorsicht zu interpretieren. Dennoch erlauben sie eine erste Einschätzung und dienen der Orientierung.

3.4.4 Einstellung(en) zum Herkunftssprachenunterricht

Abbildung 35: Sinnhaftigkeit des HSU ($N_{Lehrkräfte\ mit\ mbmH} = 44$; $N_{Lehrkräfte\ mit\ kmbmH} = 193$)

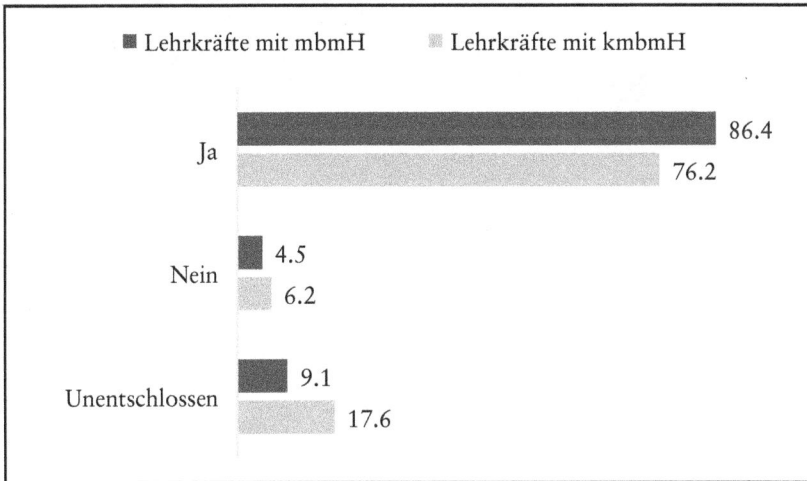

Die Mehrheit der Lehrkräfte, insbesondere solche mit migrationsbedingt mehrsprachigem Hintergrund (86,4 %), hält den HSU für sinnvoll und unterstützt deshalb seinen Fortbestand. Lehrer_innen, die keinen migrationsbedingt mehrsprachigen Hintergrund haben, wissen ebenfalls um die Bedeutung des HSU (vgl. hierzu Kapitel 3.3.1). Dort heben sie die Funktion und den Zweck des HSU explizit in den Vordergrund. Dennoch ist die Anzahl der „Unentschlossenen" unter ihnen mit 17,6 % fast doppelt so groß wie bei ihren Kolleg_innen mit migrationsbedingt mehrsprachigem Hintergrund (unter 10 %).

Ähnliche Ergebnisse sind auch im Hinblick auf den Aspekt der Effektivität des HSU zu beobachten. Hier ist der Anteil der „unentschlossenen" Lehrerschaft ohne einen migrationsbedingt mehrsprachigen Hintergrund mit leicht über 20 % sogar dreimal größer.

Lehrer_innen, die ihre Mehrsprachigkeit auf eine Zuwanderungsgeschichte zurückführen können, definieren den HSU für ihre migrationsbedingt mehrsprachigen Schüler_innen mehrheitlich als förderlich. Deshalb liegt ihre Anzahl mit fast 90 % etwa 20 Prozentpunkte über der ihrer Kolleg_innen ohne migrationsbedingt mehrsprachigem Hintergrund.[20]

Abbildung 36: Effektivität des HSU ($N_{Lehrkräfte\ mit\ mbmH}$ = 44; $N_{Lehrkräfte\ mit\ kmbmH}$ = 193)

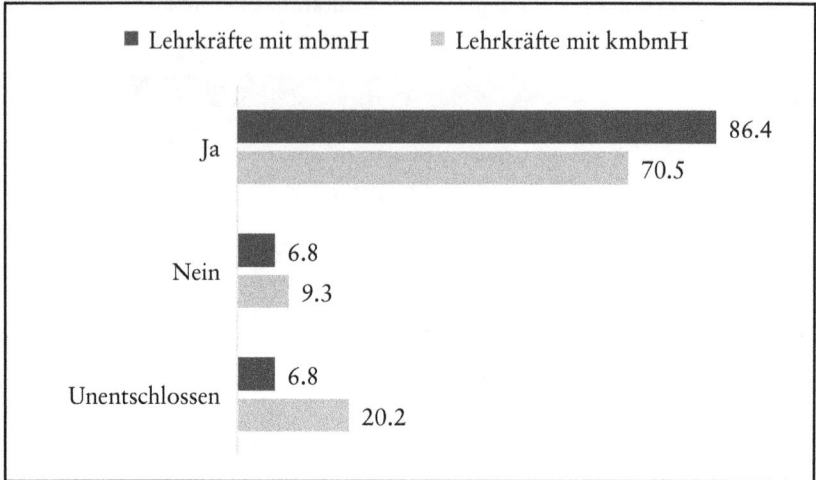

Möglicherweise deshalb favorisieren sie bei thematischen bzw. inhaltlichen Übereinstimmungen häufiger fächerübergreifend eine Kooperation mit Lehrenden des HSU. Während diese Aussage von leicht mehr als 17 % von ihnen getroffen wird, äußert über ein Viertel (27,6 %) dieser Lehrkräfte den Wunsch nach einer fächerübergreifenden Kooperation.

---

20 Die Argumente der Lehrer_innen zur Anwendungen von Erstsprachen im Unterricht, die in Kapitel 3.3.1 in einem tabellarischen Überblick dargestellt werden, gewährleisten zugleich eine allgemeine Vorstellung darüber, was sie in Sachen HSU als sinnvoll und möglicherweise auch förderlich ansehen.

Abbildung 37: Fächerübergreifende Kooperation mit Lehrenden des HSU
$(N_{Lehrkräfte\ mit\ mbmH} = 29; N_{Lehrkräfte\ mit\ kmbmH} = 123)$

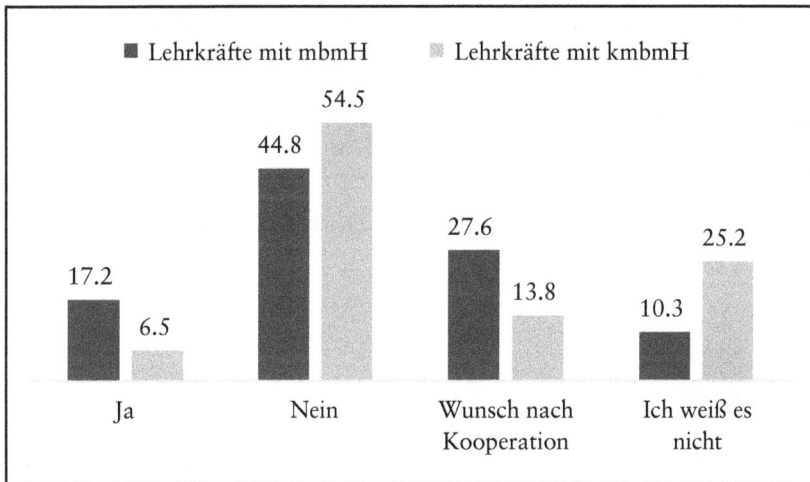

	Lehrkräfte mit mbmH		Lehrkräfte mit kmbmH

Balken: Ja: 17.2 / 6.5; Nein: 44.8 / 54.5; Wunsch nach Kooperation: 27.6 / 13.8; Ich weiß es nicht: 10.3 / 25.2

Anders jedoch ihre Kolleg_innen ohne migrationsbedingten mehrsprachi-gen Hintergrund. Aus ihrer Sicht ist eine solche Kooperation häufig nicht erwünscht (13,8 %) und findet eher selten (6,5 %) und größtenteils gar nicht statt (54,5 %). Darüber hinaus ist jeder vierten dieser Lehrkräfte (25,2 %) diese Situation im Hinblick auf diese Thematik nicht bekannt. Die-ses Ergebnis ist wenig verwunderlich, weil von allen Lehrer_innen 35,5 % derjenigen ohne und nur 6,9 % derjenigen mit einem migrationsbedingt mehrsprachigen Hintergrund keine Erfahrungen mit dem HSU gemacht haben. Es scheint, als ob der unmittelbare Kontakt und Zugang zu diesem Inhalt einen grundlegenden Einfluss auf die Einschätzung und Sichtweise der Akteure habe.

Während über die Hälfte (54,4 %) der Lehrer_innen ohne migrations-bedingt mehrsprachigen Hintergrund einen möglichen Statuswechsel des HSU für die Versetzung als nicht legitim ansieht, sinkt dieser Wert bei ihren Kolleg_innen mit migrationsbedingt mehrsprachigem Hintergrund auf etwa 30 %. Umgekehrt steigt die Zahl der Befürworter im Falle dieser Gruppe auf 45,5 % und erreicht bei ihren Kolleg_innen weniger als 20 %.

Somit bestätigt sich auch für dieses Thema: „Je kompetenter sich Fach-kräfte in einem Bereich halten, umso wichtiger ist ihnen dieser Bereich

73

in ihrer pädagogischen Arbeit. Umgekehrt ist die in der Praxis noch sehr verbreitete skeptische bis ablehnende Haltung beim Fachpersonal [...] auf Kompetenz- bzw. Wissenslücken zurückzuführen [...]" (Reichert-Garsch-hammer 2007, S. 84).[21]

Abbildung 38: Herkunftssprache als versetzungsrelevantes Fach ($N_{Lehrkräfte\ mit\ mbmH}$ = 29; $N_{Lehrkräfte\ mit\ kmbmH}$ = 123)

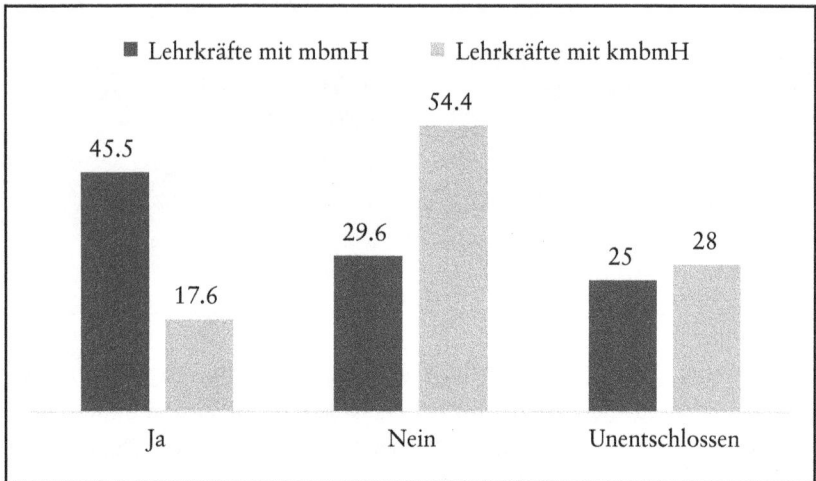

Legend: ■ Lehrkräfte mit mbmH   ▨ Lehrkräfte mit kmbmH

Data:
- Ja: 45.5, 17.6
- Nein: 29.6, 54.4
- Unentschlossen: 25, 28

3.4.5 Einstellung(en) zum bilingualen Unterricht

Ähnliche Tendenzen sind auch im Zusammenhang mit dem bilingualen Unterricht festzustellen. Der bilinguale Unterricht wird in Abhängigkeit vom migrationsbedingt mehrsprachigen Hintergrund der Lehrkräfte unterschiedlich beurteilt. Lehrer_innen mit einem migrationsbedingt mehrsprachigen Hintergrund begreifen diesen Unterricht nicht nur als *sinnvoller*, sondern sehen darin häufig auch die Möglichkeit, die Lern(er)gruppen in ihrem Lernprozess zu unterstützen. So sind über 70 % von ihnen der Meinung, dass der bilinguale Unterricht förderlich bzw. effektiv ist. Ein nur sehr kleiner Anteil (4,4 %) von ihnen teilt diese Meinung nicht, bei ihren Kolleg_innen mit keinem migrationsbedingt mehrsprachigen Hintergrund steigt die Anzahl der

---

21 Diese sind stets vor dem Hintergrund struktureller, personeller und finanzieller Rahmenbedingungen zu betrachten.

Kontrahenten jedoch auf das Dreifache (13 %). Deshalb wissen sie genauso wenig, worin die Sinnhaftigkeit eines solchen Unterrichts verborgen liegt. Etwa 18 % dieser Lehrer_innen halten den bilingualen Unterricht nicht für sinnvoll. In Bezug auf die Sinnhaftigkeit und Effektivität sind sich fast 30 % unsicher.

Abbildung 39: Sinnhaftigkeit und Effektivität des bilingualen Unterrichts
(N für Sinnhaftigkeit: $N_{Lehrkräfte\ mit\ mbmH} = 45$; $N_{Lehrkräfte\ mit\ kmbmH} = 199$)
(N für Effektivität: $N_{Lehrkräfte\ mit\ mbmH} = 45$; $N_{Lehrkräfte\ mit\ kmbmH} = 200$)

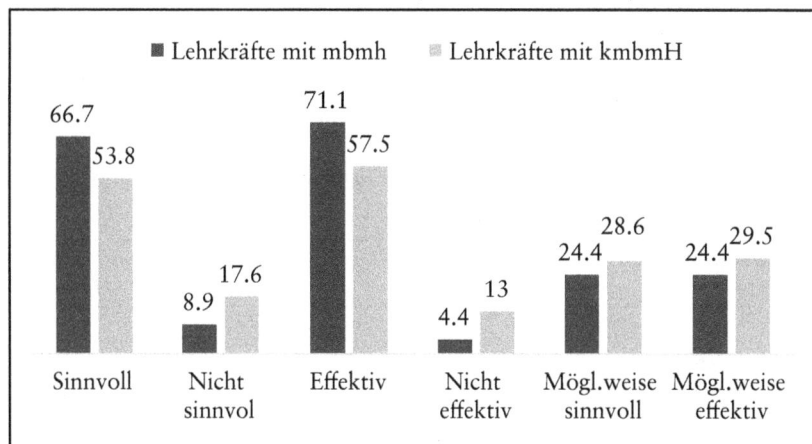

3.5 Vorbereitung auf den Unterricht mit sprachlich heterogenen Lern(er)gruppen

3.5.1 Sprachsensible Ausbildung nach Dienstjahren

Tabelle 7: Sprachsensible Ausbildung (N = 246)

Sprachsensible Ausbildung	
ja	2,9 %
ja, aber nicht ausreichend und nicht effektiv	10,2 %
ja, aber nicht praktisch nützlich	13,8 %
nein, ich habe mir mein Wissen autodidaktisch angeeignet	37,8 %
nein	35,4 %

Fast jede/r dritte Lehrer_in (73,2 %) wurden im Studium auf den Unterricht mit mehrsprachigen Schüler_innen nicht vorbereitet. Streng genommen müsste dieser Wert auf 97,1 % erhöht werden, weil selbst diejenigen, die eine sprachsensible Ausbildung erfahren haben, häufig ihre Unzufriedenheit über die praktische Nützlichkeit, die Tiefe und Effektivität dieser Ausbildung zum Ausdruck bringen. Lediglich sieben von 246 Lehrkräften bestätigen die Frage nach der Vorbereitung für den Unterricht mit mehrsprachigen Schüler_innen mit einem eindeutigen Ja.[22] Differenziert nach Dienstjahren zeigt sich, dass drei dieser sieben Lehrer_innen seit sieben bis zehn und die restlichen vier seit elf bis fünfzehn und ein bis drei Jahren ihrer Tätigkeit als Lehrende nachgehen.

Die größte Gruppe bilden dennoch die Autodidakten (37,8 %), also jene, die aufgrund des erkannten Bedarfs und fehlender didaktisch-methodischer Hilfestellungen sich eigenverantwortlich in einem *Selbststudium* in diese Thematik eingearbeitet und sich ihren eigenen *Reader* zusammengestellt haben.

Tabelle 8: Sprachsensible Ausbildung nach Dienstjahren ($N_{1-3\,Jahre}$ = 33; N_{4-6} = 36; $N_{7-10\,Jahre}$ = 33; $N_{11-15\,Jahre}$ = 53; $N_{Über\,15\,Jahre}$ = 91)

Sprachsensible Ausbildung	1–3 Jahre	4–6	7–10	11–15	Über 15 Jahre
ja	6,1%	–	9,1 %	3,8 %	2,9 %
ja, aber nicht ausreichend und nicht effektiv	18,2 %	16,7 %	9,1 %	7,5 %	10,2 %
ja, aber nicht praktisch nützlich	24,2 %	22,2 %	9,1 %	13,2 %	13,8 %
nein, ich habe mir mein Wissen autodidaktisch angeeignet	27,3 %	36,1 %	33,3 %	39,6 %	37,8 %
nein	24,2 %	25,0 %	39,4 %	35,9 %	35,4 %

Diese *Selbsthelfer* sind vor allem in den Reihen der seit über elf Jahren ihrer Tätigkeit als Lehrer_in nachgehenden Teilnehmer_innen wiederzufinden.[23] Dieses Ergebnis ist wenig verwunderlich, weil sie signifikant seltener auf den Unterricht mit mehrsprachigen Lern(er)gruppen vorbereitet wurden als

---

22 Zwei Lehrerinnen haben diese Frage unbeantwortet gelassen.
23 Lehrer_innen, die seit über 15 Jahren im Dienst sind, stehen in diesem Kontext repräsentativ für alle der im Rahmen dieser Studie befragten Lehrkräfte.

beispielsweise die seit maximal drei Jahren dieser Tätigkeit nachgehenden Kolleg_innen. Demnach hat die Lehrer_innenausbildung in den letzten 20 bis 30 Jahren einen grundlegenden Wandel und eine Entwicklung auch in Sachen *Mehrsprachigkeit* erfahren – ein vielversprechender Schritt zu mehr Chancengerechtigkeit.[24]

3.5.2 Physische und psychische Belastbarkeit

Nichtsdestotrotz fühlen sich Lehrer_innen in ihrer Profession häufig überlastet (42,9 %) und in den aller meisten Fällen überlastet und überfordert (52,1 %). Nur 7,1 % aller Lehrkräfte kommen mit der momentanen Situation zurecht.

Abbildung 40: Überlastung und Überforderung (N = 246)

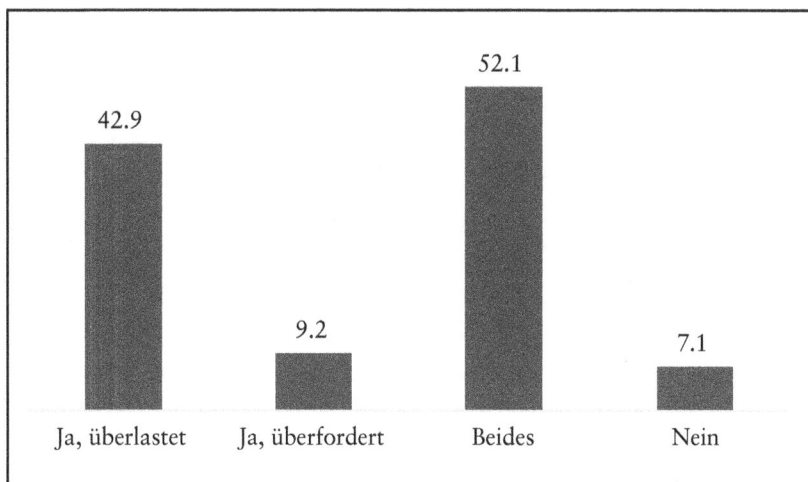

---

24 Dieser Wandel ist beispielsweise auf den „Konstanzer Beschluss" aus dem Jahre 1997 (vgl. Beschlüsse der KMK 1997), später auf die Ergebnisse der ersten internationalen Schulleistungsvergleichsstudie PISA (vgl. Baumert 2001) zurückzuführen. Mit der „Analyse zu Bildung und Migration" (Beschluss der KMK 2006) im *Nationalen Bildungsbericht 2006*, der Diskussion über die Rechte von Menschen mit Behinderung (vgl. Bundestag 2008) und dem Ideal einer *Schule für alle* (vgl. Mogge-Grotjahn 2012) verschärften sich schließlich die Überlegungen, den Ansatz der Heterogenität auch in der Schul- und Unterrichtswirklichkeit zu verankern. Schulversuche wie „FÖRMIG" oder „PRIMUS" (vgl. MSW NRW 2015) sind nur wenige von vielen Beispielen, die einen Beitrag zu dieser Entwicklung leisten.

Dies gelingt an erster Stelle den erfahreneren Kolleg_innen. Etwa drei Fünftel (54,7 % und 60,4 %) der seit mindestens elf Jahren ihrer Tätigkeit nachgehenden Lehrer_innen fühlen sich durch die Realität der Mehrsprachigkeit in ihrer Schule weder überlastet noch überfordert, so auch das Ergebnis für etwa 65 % der Kolleg_innen, die seit sieben bis zehn Jahren im Dienst sind. Die jüngeren Lehrkräfte, hier an vor allem diejenigen mit vier bis sechs Jahren Lehrerfahrung, haben den größten Unterstützungsbedarf.

Abbildung 41: Überlastung und Überforderung nach Dienstjahren ($N_{1-3\,Jahre}$ = 34; N_{4-6} = 35; N_{7-10} = 33; N_{11-15} = 53; $N_{über\,15\,Jahre}$ = 91)

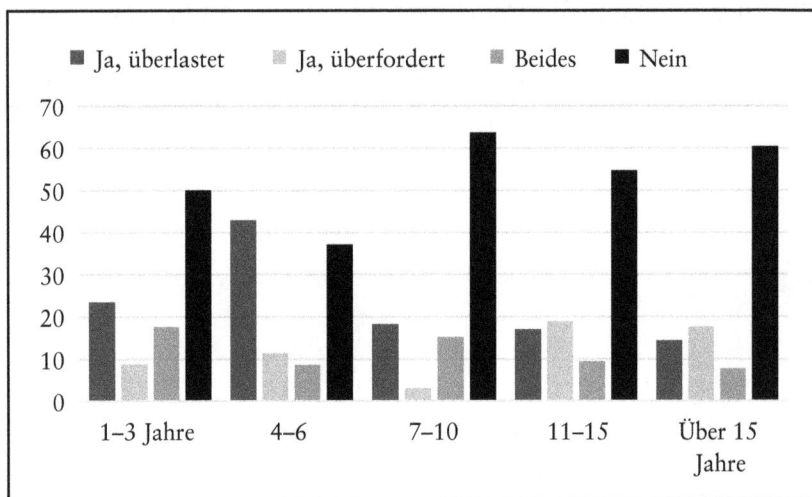

3.5.3 Der Unterricht mit und für sprachlich heterogene Lern(er)gruppen

Unabhängig davon, wie lange die Lehrer_innen ihrer Tätigkeit als Lehrkraft nachgehen, besteht hinsichtlich des hohen zeitlichen Aufwands der Unterrichtsvorbereitung für und mit mehrsprachigen Lern(er)gruppen Konsens, dass dies zu ihrer Profession gehört. Fast 50 % aller Lehrkräfte weisen somit auf den hohen zeitlichen Aufwand ihrer Unterrichtsvorbereitungen hin, ohne sich explizit darüber zu beschweren. Werden die Daten nicht nach den Dienstjahren untersucht, sondern nach der Schulform, so rücken hier vor allem die Sek-II-Lehrkräfte in den Vordergrund.

Tabelle 9: Unterrichtsvorbereitung nach unterrichteter Schulform ($N_{Primarstufe}$ = 92; $N_{Förderschule}$ = 22; $N_{Sek\ I}$ = 85; $N_{Sek\ II}$ = 43)

Unterrichtsvorbereitung	Primarstufe	Förderschule	Sek I	Sek II
ja	30,4 %	9,1 %	22,4 %	18,6 %
ja, aber das gehört zu meinem Beruf	53,3 %	54,5 %	51,8 %	20,9 %
nein, mein Unterricht ist nicht speziell an sprachlich heterogene Schüler_innen gerichtet	6,5 %	13,6 %	18,8 %	44,2 %
nein	9,8 %	22,7 %	7,1 %	16,3 %

Fast 45 % dieser Lehrerschaft richten ihren Unterricht nicht speziell an sprachlich heterogene Schüler_innen. Außerdem nimmt für nur 16,3 % von ihnen die Vorbereitung auf diesen Unterricht viel Zeit in Anspruch. Der Zeitaufwand liegt bei den Lehrkräften der Primarstufe und der Sek I höher. Vor allem für die erstgenannte Gruppe der Lehrer_innen bedeutet eine sprachlich heterogene Schülerschaft viel Arbeit. Obwohl von den 83,7 % über die Hälfte (53,3 %) diese Herausforderung als Teil ihrer Aufgabe versteht, empfinden drei Fünftel (60 %) von ihnen die Vorbereitung dennoch als *mühevoll*. Der Blick in die Angaben der Sek-I-Lehrkräfte zeigt, dass die Mehrheit diese Herausforderung nicht (46,4 %) und etwa 11 % sie sogar als gar nicht mühevoll bewerten – ähnlich ihre Kolleg_innen der Sek II.

Die Einschätzung und Bewertung dieser Herausforderung scheint daher unmittelbar, aber nicht nur von der Quantität der migrationsbedingt mehrsprachigen Schüler_innen abzuhängen. Daher ist zu fragen, welche Faktoren die Empfindungen der Lehrkräfte der unterschiedlichen Schulformen beeinflussen können. Eine pauschale Aussage, dass Lehrerinnen – sie unterrichten schwerpunktmäßig in der Primarstufe – im Gegensatz zu Lehrern – sie sind vorrangig in der Sek I und Sek II tätig (vgl. Kapitel 3.1.2) – weniger belastbar sind, greift zu kurz und bedarf der genaueren Analyse.

Abbildung 42: Empfindung der Unterrichtsvorbereitung als „mühevoll" nach Schulform (N$_{Primarstufe}$ = 90; N$_{Förderschule}$ = 23; N$_{Sek\ I}$ = 84; N$_{Sek\ II}$ = 41)

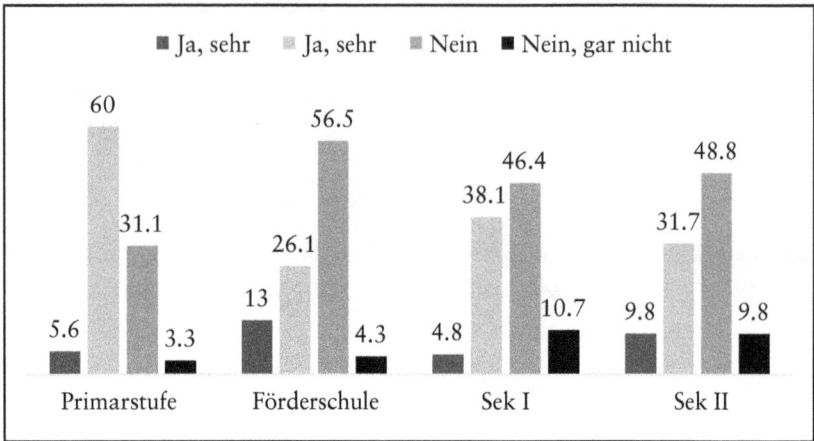

Diese Empfindungen und die Tatsache der noch im Anfangsstadium befindlichen interkulturellen Öffnung des Studiums führen letztendlich zu negativen Selbstbildern der Lehrer_innen. Unabhängig von der Schulform fühlt sich lediglich leicht über ein Viertel (26,8 %) der Lehrkräfte für den Unterricht mit migrationsbedingt mehrsprachigen Schüler_innen aktuell ausreichend gut vorbereitet. Allerdings trifft dies für über die Hälfte (53,7 %) der Teilnehmer_innen nicht zu und fast 20 % gelingt eine eindeutige Einschätzung nicht – hier an erster Stelle den Lehrkräften der Förderschulen und der Sek II.

3.5.4 Einschätzung der eigenen Fähigkeiten für den Unterricht mit und für sprachlich heterogene Lern(er)gruppen

Fast 30 % der Lehrer_innen der Sek II und leicht über 25 % der Förderschullehrer_innen sind sich eher unsicher wenn es darum geht, ihre eigenen Kompetenzen für den Unterricht mit und für sprachlich heterogene Schülerschaften einzuschätzen. Während sich die gleiche Anzahl der letztgenannten Gruppe aktuell sicher fühlt, sinkt dieser Wert bei den Sek-II-Lehrkräften auf unter 20 %. Nicht gut vorbereitet fühlen sich vor allem die Grundschullehrer_innen, wobei auch ihre Kolleg_innen sich mehrheitlich ungenügende Kompetenzen zuschreiben. Lediglich Lehrkräfte der Sek I fühlen sich im

Hinblick auf den Unterricht mit sprachlich heterogenen Schüler_innen mit Migrationshintergrund etwas sicherer. Während jede dritte Sek-I-Lehrkraft (33,7 %) dieser Aufgabe gewachsen zu sein scheint, fühlt sich jede zweite Lehrkraft dieser Schulform (51,2 %) für diesen Unterricht nicht vorbereitet.

Abbildung 43: Einschätzung der eignen Kompetenzen für den Unterricht mit migrationsbedingt mehrsprachigen Lern(er)gruppen ($N_{Primarstufe} = 92; N_{Förderschule} = 23; N_{Sek\ I} = 86; N_{Sek\ II} = 41$)

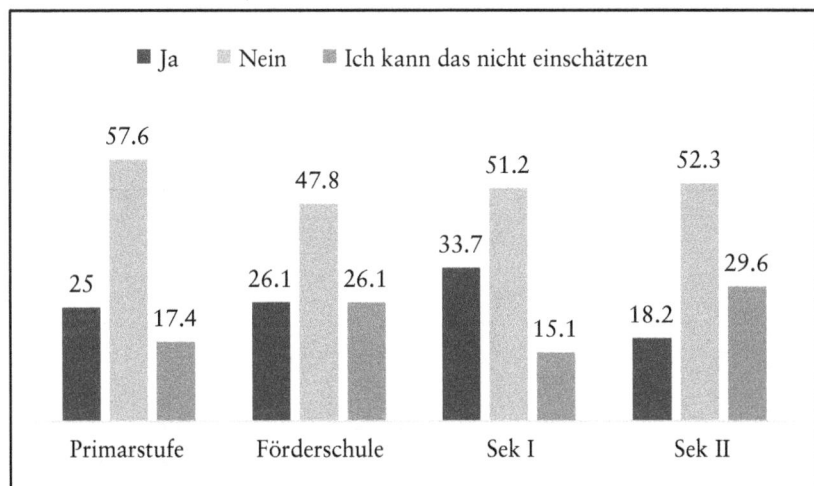

Auf der Basis der bisher vorgestellten Ergebnisse steht jedoch fest: Über 50 % der Lehrer_innen fühlen sich hinsichtlich des Unterrichts mit mehrsprachigen Schüler_innen alleingelassen. Während fast 40 % von ihnen anderer Meinung sind, gelingt es etwa 11 % nicht, eine eindeutige Position einzunehmen.

Gerade Grundschullehrer_innen teilen diese Ansicht zu 55, 4%. Bemerkenswert ist aber, dass etwa genauso viele (54,5 %) Lehrer_innen der Sek II dieser Ansicht sind, also jene Lehrkräfte, die ihren Unterricht eigentlich nicht speziell an sprachlich heterogene Lern(er)gruppen richten (vgl. Tabelle 9). Berechtigterweise entsteht in diesem Zusammenhang die Frage weshalb die Lehrkräfte der Sek II den Unterricht nicht gezielt den Bedürfnissen ihrer migrationsbedingt mehrsprachigen Schüler_innen berücksichtigen. Hier müsste eine genauere Analyse stattfinden und vielleicht auch eine Bewusstmachung der Lernvoraussetzung der Schüler_innen. Denkbar ist ein Umdenken vom bisherigen klassischen Lerncurriculum in Richtung der sich veränderten gesellschaftlichen Bevölkerungszusammensetzung in Deutschland bzw. den Herkunftssprachen der Schülerschaft in den deutschen Schulen.

Anders das Empfinden der Förderschullehrer_innen und ihrer Kolleg_ innen der Sek I. Die Anzahl derer, die sich nicht alleingelassen fühlen, steigt im Falle der letztgenannten Gruppe auf über 40 % und im Falle der erstge- nannten Lehrerschaft sogar auf über 50 %. Nur eine Förderschullehrerin ist sich in dieser Hinsicht eher unsicher und tendiert deshalb dazu, dieser Frage auszuweichen. Dieser Wert ist jedoch bei den Sek-II-Lehrer_innen mit 20,4 % am höchsten.

Abbildung 44: Das Gefühl des „Alleingelassenwerdens" im Unterricht mit und für sprachlich heterogene Lern(er)gruppen (N$_{Primarstufe}$ = 92; N$_{Förderschule}$ = 23; N$_{Sek\,I}$ = 86; N$_{Sek\,II}$ = 44)

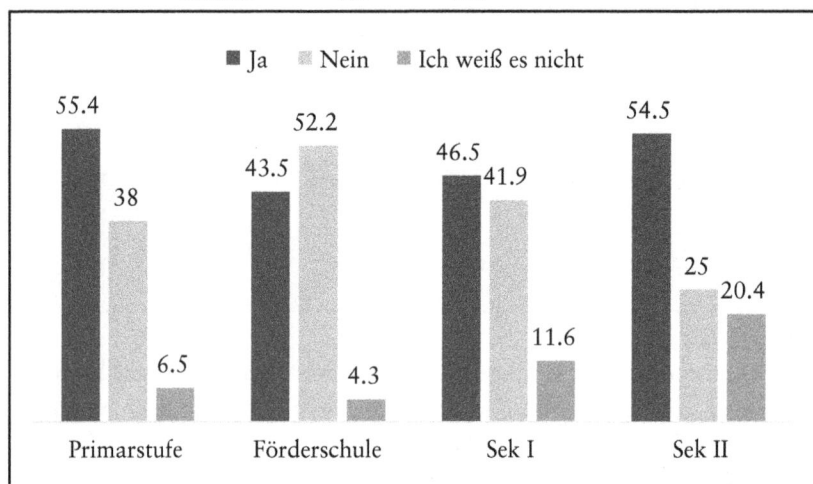

3.6 Einsatz und Stellenwert digitaler Medien im Kontext von Mehrsprachigkeit

3.6.1 Verfügbarkeit und Nutzung digitaler Medien

Die Schulen verfügen zum Großteil über die digitalen Medien PC, Laptop und Tablet. Häufig werden diese zum Sprachenlernen in Begleitung der Leh- rer_innen genutzt. Eine eigenständige Nutzung zur Förderung sprachlicher Kompetenzen bildet eher die Ausnahme als die Regel und wird vor allem in den weiterführenden Schulen, hier an erster Stelle in der Sek II, kaum ermöglicht. Darüber hinaus werden die Möglichkeiten der digitalen Medien in dieser Schulform sehr viel seltener für das Sprachenlernen mit entsprechenden Sprachlernprogramme eingesetzt als in den restlichen Schulformen. Während in den Förderschulen ähnliche Ergebnisse zu konstatieren sind, werden in der Sek I und besonders in der Primarstufe diese Möglichkeiten häufig wahrgenommen. Nur 20 % der Grundschulen verfügen nicht über diese Medien und etwa 32 % der Grundschullehrer_innen nutzen diese nicht zum Sprachenlernen mit Sprachlernprogrammen. In der Regel werden diese in Begleitung der Lehrkraft genutzt. Eine Begleitung durch ältere Mitschüler_innen – sie müssen nicht zwingend medienkompetenter sein als die jüngeren Schüler_innen – kommt in keiner der Schulformen für die Lehrkräfte in Frage. Sprachenlernen mit Medien scheint nicht dem Zufall überlassen zu werden, sondern erfolgt an erster Stelle unter Kontrolle und teilweise Begleitung der pädagogischen Fachkräfte. Deutlich wird dabei: Je jünger die Schüler_innen sind, desto häufiger kommen die digitalen Medien für Sprachlernprozesse zum Einsatz. Sprachbildung und Sprachförderung werden also vorrangig dort thematisiert und umgesetzt, wo sprachliche Basic Skills als erforderlich erachtet werden, nämlich in den ersten Schuljahren.

Mit Blick auf die in Kapitel 3.3.6 vorgestellten Ergebnisse ist jedoch zu betonen, dass gerade in solchen Schulformen, in denen Sprachförderung einen grundlegenden Schwerpunkt darstellt, sowohl für die additive als auch die integrative Sprachförderung die digitalen Medien eingesetzt werden könnten. Insbesondere die Förderschulen, die hauptsächlich integrative Sprachförderung betreiben, könnten durch eine „integrative Medienarbeit" (vgl. Marci-Boehncke/Rath 2013) auch Sprachbildungsprozesse gezielt fördern.

Tabelle 10: Sprachenlernen mit PC, Laptop und Tablet ($N_{Primarstufe}$ = 90; $N_{Förderschule}$ = 23; $N_{Sek I}$ = 82; $N_{Sek II}$ = 42)

	Primarstufe	Förderschule	Sek I	Sek II
eigenständige Nutzung	17,8 %	13,0 %	11,0 %	4,8 %
in Begleitung durch die Lehrkraft	24,4 %	17,4 %	21,9 %	9,5 %
in Begleitung durch ältere Schüler	–	–	–	–
nicht zum Sprachenlernen mit Sprachlernprogrammen	31,1 %	39,1 %	36,6 %	42,9 %
keine Nutzung	6,7 %	8,7 %	4,9 %	4,8 %
PC, Laptop, Tablet nicht vorhanden	20,0 %	21,7 %	25,6 %	38,1 %

3.6.2 Einsatz digitaler Medien im Unterricht

Lehrer_innen sind zu etwa 70 % der Meinung, dass der Einsatz digitaler Medien die Entwicklung und Festigung von Mehrsprachigkeit unterstützen kann. Nur 4,2 % schließen den Effekt dieser medialen Arbeitsmittel komplett aus und leicht über ein Viertel (26,9 %) ist im Hinblick auf den Nutzen durch die digitalen Medien eher unentschlossen.

Abbildung 45: Digitale Medien als Unterstützungsmittel für die Entwicklung und Festigung von Mehrsprachigkeit (N = 238)

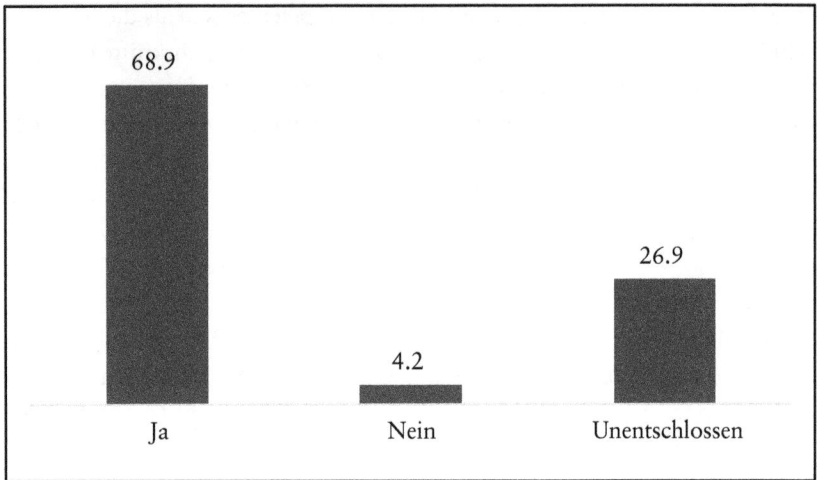

Abbildung 46: Digitale Medien als Unterstützungsmittel für die Entwicklung und Festigung von Mehrsprachigkeit nach Schulform (N$_{Primarstufe}$ = 92; N$_{Förderschule}$ = 23; N$_{Sek\,I}$ = 81; N$_{Sek\,II}$ = 41)

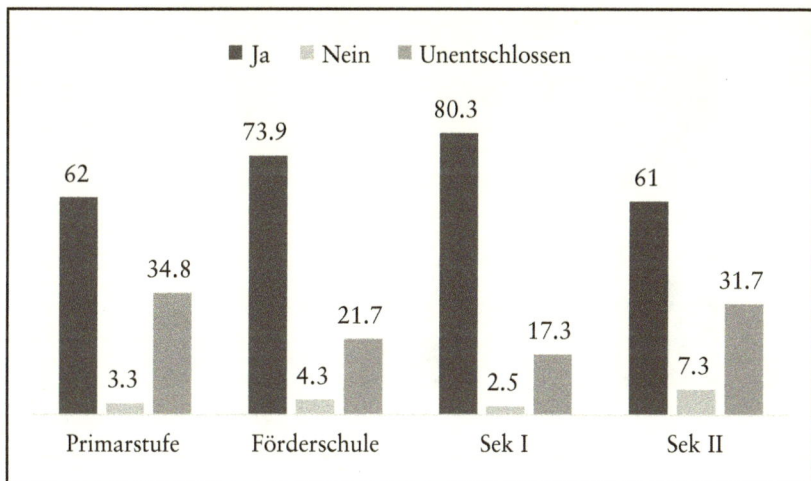

■ Ja ■ Nein ■ Unentschlossen

62	73.9	80.3	61
34.8	21.7	17.3	31.7
3.3	4.3	2.5	7.3
Primarstufe	Förderschule	Sek I	Sek II

Innerhalb der Lehrkräfte sind zunächst Lehrer_innen der Primarstufe und Sek II zur Gruppe der „Unentschlossenen" zu zählen.

In diesem Zusammenhang reichen die Werte bis über 30 %. Mit etwa 35 % gelingt es den Grundschullehrer_innen sogar am wenigsten, den Effekt der digitalen Medien einzuschätzen. Im Vergleich zu den Lehrkräften dieser beiden Schulformen sind die Lehrkräfte der Förderschulen und der Sek II mit 10 % und fast 20 % eher vom Nutzen der digitalen Medien überzeugt. Im Großen und Ganzen sind sich die Lehrkräfte aber einig: Digitale Medien haben eine unterstützende Funktion, auch wenn ein Teil von ihnen noch keine unmittelbaren Erfahrungen damit gemacht hat.

Geht es darum, den Einsatz digitaler Medien für den Unterricht mit sprachlich heterogenen Lern(er)gruppen zu bewerten, so stellt sich heraus, dass etwas mehr als 15 % der Lehrkräfte bisher keine Erfahrungen mit diesen Medien im Unterricht gemacht haben.

Abbildung 47: Einsatz digitaler Medien für den Unterricht mit sprachlich heterogenen Lern(er)gruppen (N = 238)

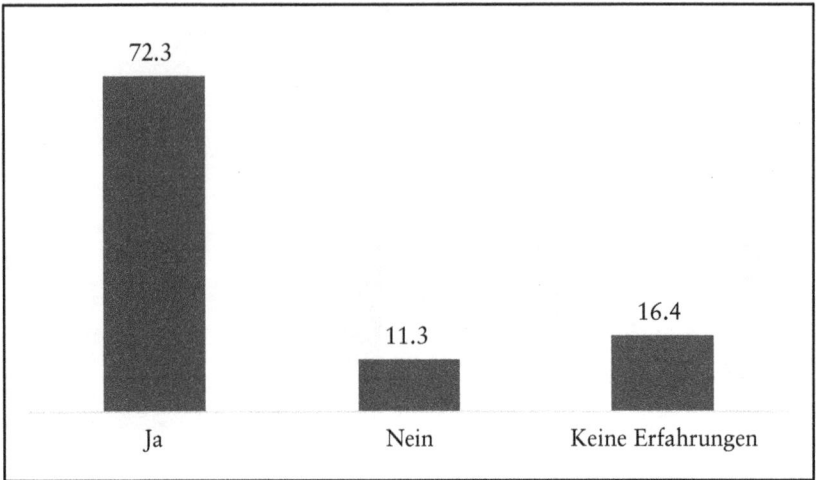

72.3		
	11.3	16.4
Ja	Nein	Keine Erfahrungen

Im Gegensatz dazu sind über 70 % der Lehrer_innen von der unterstützenden Funktion digitaler Medien in Sachen Sprachförderung überzeugt. Somit ist zu vermuten, dass der Mehrheit von ihnen der Zugang zu digitalen Medien nicht versperrt bleibt und sie der neuen Technologie offen gegenüberstehen. Dennoch stellen sich für einen kleineren Anteil (11,3 %) der Lehrkräfte diese Medien als nicht hilfreich heraus, so beispielsweise für einen höheren Anteil der Lehrer.

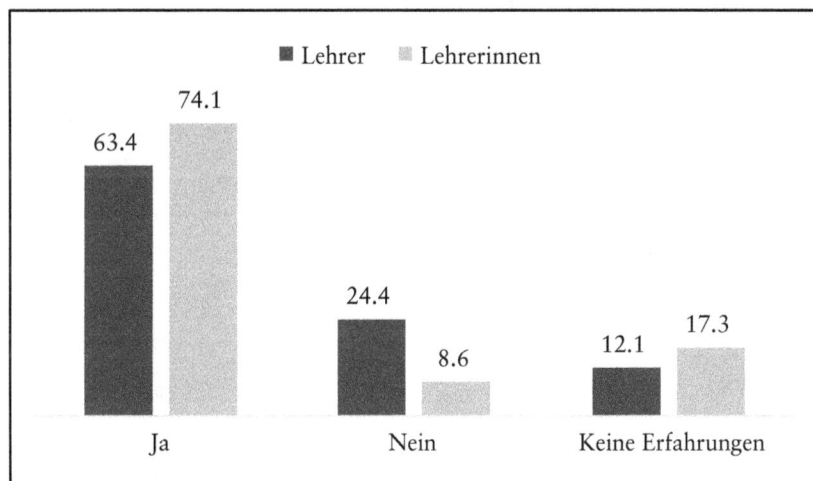

Etwa jeder vierte (24,4 %) Lehrer schreibt den digitalen Medien keine unterstützende Funktion für die Sprachförderung zu. Ihre Kolleginnen dahingegen teilen diese Ansicht zu nur 8,6 %. Sie scheinen die Möglichkeiten der digitalen Medien anders bzw. positiver wahrzunehmen als ihre Kollegen. Dennoch fehlt es auch ihnen nicht selten an Erfahrung mit diesen medialen Endgeräten: 17,3 % der Lehrerinnen und leicht über 12 % der Lehrer haben die Wirkung digitaler Medien im Unterricht noch nicht erprobt bzw. diese im Unterricht noch nicht eingesetzt.

Differenziert nach Dienstjahren ergeben sich zum Teil deutliche Unterschiede in den Wahrnehmungen der Lehrkräfte. Obwohl auch die älteren und folglich erfahreneren Lehrer_innen einem Einsatz digitaler Medien im Unterricht mit sprachlich heterogenen Lern(er)gruppen nicht im Wege stehen, sind ihnen – hier vor allem den seit mindestens seit sieben und maximal zehn Jahren ihrer Tätigkeit als Lehrer_in nachgehenden – integrative Medieneinheiten eher unbekannt. Über ein Drittel (36,7 %) der Lehrer_innen mit sieben bis zehn Jahren Berufserfahrung, fast 12 % der seit elf bis fünfzehn Jahren tätigen und 20 % derjenigen, die seit über 15 Jahren als Lehrer_in arbeiten, geben an, keine Erfahrungen mit diesen Medien im Unterricht gemacht zu haben. Nichtsdestotrotz sprechen sie sich mehrheitlich für den Einsatz digitaler Medien im Unterricht aus, um sprachlich heterogene Lern(er)gruppen in ihrem Sprachlernprozess integrativ oder auch additiv zu unterstützen. Dieser Wert steigt bei denjenigen mit ein bis drei Jahren Berufserfahrung auf fast 85 %.

Abbildung 49: Einsatz digitaler Medien für den Unterricht mit sprachlich heterogenen Lern(er)gruppen nach Dienstjahren ($N_{1-3\,Jahre}$ = 33; $N_{4-6\,Jahre}$ = 33; $N_{7-10\,Jahre}$ = 30; $N_{11-15\,Jahre}$ = 52; $N_{über\,15\,Jahre}$ = 90)

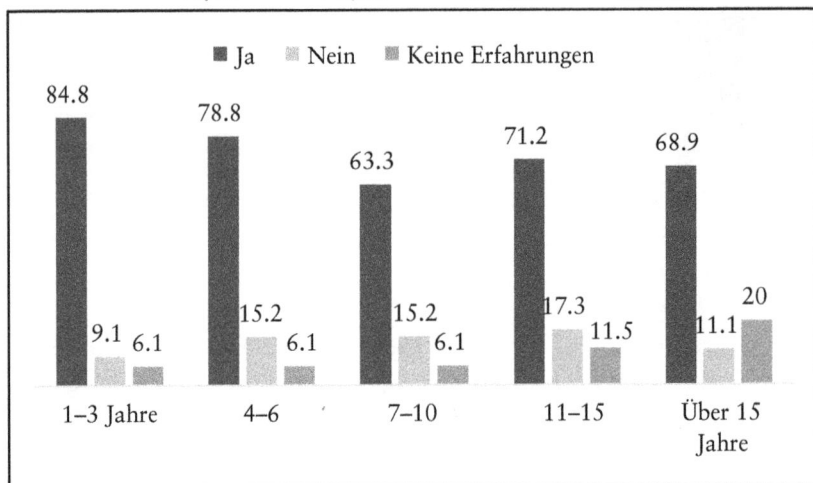

Der Blick in die Schulformen zeigt, dass mit 23,1 % die Grundschullehrer_innen und mit 17,3 % die Lehrkräfte der Sek I sehr viel seltener im Umgang mit digitalen Medien für den Unterricht mit sprachlich heterogenen Schüler_innen Erfahrungen besitzen. Somit scheinen insbesondere in der Primarstufe digitale Medien als integrative oder additive Instrumente nicht zur Geltung zu kommen. In allen anderen Schulformen, auch in der Sek I, werden diese als eine Unterstützungsmöglichkeit für die Sprachförderung erkannt. In den Förderschulen und der Sek II ist die Skepsis offenbar größer (vgl. Abbildung 46 in diesem Kapitel). Diese Skepsis ist möglicherweise auf eine bewusst getroffene Entscheidung des Nicht-Einsatzes digitaler Medien und somit auf den *medialen Habitus* (vgl. Biermann 2013) der Lehrkräfte zurückzuführen.

Abbildung 50: Einsatz digitaler Medien für den Unterricht mit sprachlich heterogenen Lern(er)gruppen nach Schulform ($N_{Primarstufe}$ = 92; $N_{Förderschule}$ = 23; $N_{Sek I}$ = 81; $N_{Sek II}$ = 41)

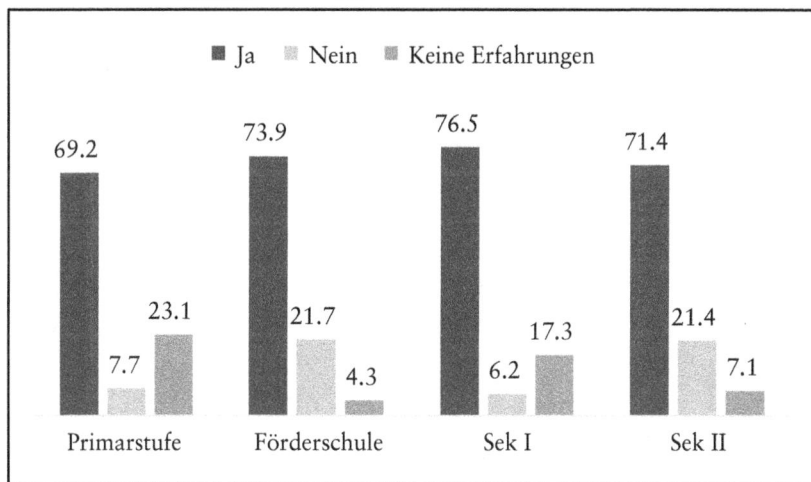

■ Ja   ▨ Nein   ▨ Keine Erfahrungen

	Primarstufe	Förderschule	Sek I	Sek II
Ja	69.2	73.9	76.5	71.4
Nein	23.1	21.7	17.3	21.4
Keine Erfahrungen	7.7	4.3	6.2	7.1

3.6.3 Mehrsprachige Unterrichtsmedien

Interessant ist die Tatsache, dass in den meisten Schulformen die Unterrichtsmedien häufig auch in anderen Sprachen als in Deutsch gestaltet sind. Hier sind an erster Stelle Arbeitsblätter (33 %), an zweiter Stelle Tafelanschriebe (24,7 %) und an dritter Stelle Präsentationen (21,2 %) zu nennen. Erst danach werden Schulbücher (19,5 %), aber auch Whiteboards (13 %) erwähnt.

In der Primarstufe ist diese Reihenfolge so zu übernehmen. In der Sek I und II dahingegen nutzen in etwa 22–29 % der Fälle die Lehrer_innen auch für Präsentationen ihre Mehrsprachigkeit oder Kenntnisse anderer Sprachen als Deutsch. In den Förderschulen überwiegen eindeutig schriftliche Mittel, in denen andere Sprachen zum Einsatz kommen, hier an erster Stelle Arbeitsblätter (18,2 %) und Tafelanschriebe (18,2 %). Somit ist zu vermuten, dass sich die Lehrer_innen der Grund- und Förderschulen stets darum bemühen, ihrer Schülerschaft Sprache über verschiedene Sinneskanäle und parallel zu vermitteln, um sie in ihrem Lernprozess zu unterstützen. In der Sek II werden neben schriftlichen Medien häufig auch auditive Medien in anderen Sprachen als Deutsch zum Unterrichtsgegenstand gemacht. Deshalb kommen in dieser Schulform mehrsprachige Unterrichtsmedien sehr oft zum Einsatz.

Auch in den Grundschulen und der Sek I ist eine Tendenz zu mehrsprachigen Unterrichtsmedien zu beobachten. Lediglich in den Förderschulen wird der Schwerpunkt vermehrt auf deutschsprachige Unterrichtsinhalte gerichtet.

Abbildung 51: Mehrsprachige Unterrichtsmedien ($N_{Primarstufe}$ = 147; $N_{Förderschule}$ = 30; $N_{Sek\,I}$ = 147; $N_{Sek\,II}$ = 82) (Mehrfachantwort möglich)

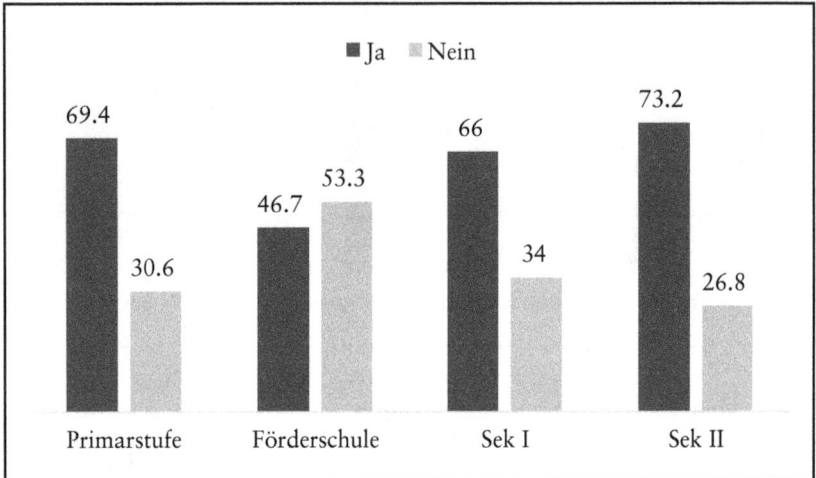

3.6.4 Einsatz interkulturell-literarischer Medienfiguren im Unterricht

Ermöglichen wir uns nun einen tieferen Einblick in die Unterrichtsgestaltung der Lehrerkräfte der unterschiedlichen Schulformen. Interkulturelle-literarische Medienfiguren sowie Medienhelden, die Teil der Lebens- und Medienwelten von Schüler_innen mit einem migrationsbedingt mehrsprachigen Hintergrund sein können, finden in den Unterrichtseinheiten mit sprachlich heterogenen Lern(er)gruppen in den seltensten Fällen Berücksichtigung. Insbesondere in der Primarstufe, in der Schüler_innen im Gegensatz zu älteren Schüler_innen eine stärkere Bindung zum Fernseher aufbauen (vgl. MPFS 2015, S. 16), schildern über 65 % der Grundschullehrkräfte, solche Medienfiguren oder Medienhelden nicht in ihre Unterrichtsgestaltung einfließen zu lassen.

Interessanterweise stehen diese Medienfiguren den Schüler_innen der Sek I und II zur Verfügung. Dort werden sie zum Unterrichtsgegenstand und folglich auch zum Gesprächsthema gemacht.[25] Am seltensten fokussieren die Förderschullehrer_innen solche Inhalte. Über 70 % von ihnen schenken interkulturell-literarischen Medienfiguren keine unmittelbare Aufmerksamkeit im Unterricht.

Abbildung 52: Interkulturell-literarische Medienfiguren als Teil der Unterrichtsgestaltung (N$_{Primarstufe}$ = 90; N$_{Förderschule}$ = 22; N$_{Sek I}$ = 84; N$_{Sek II}$ = 41)

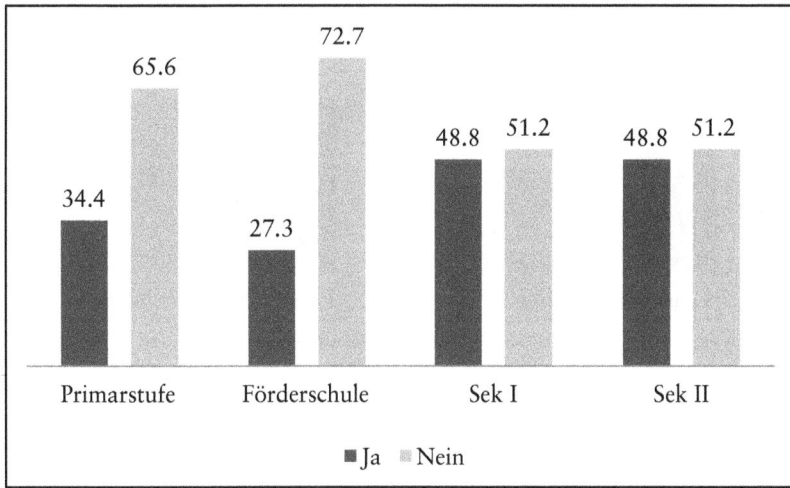

Differenziert nach Migrationshintergrund sind erneut Unterschiede zwischen den Lehrkräften festzustellen. Während fast drei Fünftel (56,8 %) der Lehrer_innen mit einem migrationsbedingt mehrsprachigen Hintergrund interkulturell-literarische Medienfiguren und Medienhelden in ihrem Unterricht einsetzen, trifft dies für etwa 38 % der Lehrer_innen mit einem primär deutschkulturellen Hintergrund zu. Jedoch ist diese Unterrichtsgestaltung auch unter den erstgenannten Lehrer_innen nicht selbstverständlich. Nach Angaben von leicht über zwei Fünfteln (43,2 %) der Lehrer_innen mit einem migrationsbedingt mehrsprachigen Hintergrund sind Medienfiguren aus interkulturell-literarischen Zusammenhängen nicht Teil ihrer Unterrichtsgestaltung.

---

25 Inwieweit der ausgebaute Fremdsprachenunterricht hier von Bedeutung ist oder sein kann, ist genauer zu untersuchen.

Abbildung 53: *Interkulturell-literarische Medienfiguren als Teil der Unterrichtsgestaltung nach migrationsbedingt mehrsprachigem Hintergrund der Lehrkräfte ($N_{Lehrkräfte\ mit\ mbmH}$ = 44; $N_{Lehrkräfte\ mit\ kmbmH}$ = 192)*

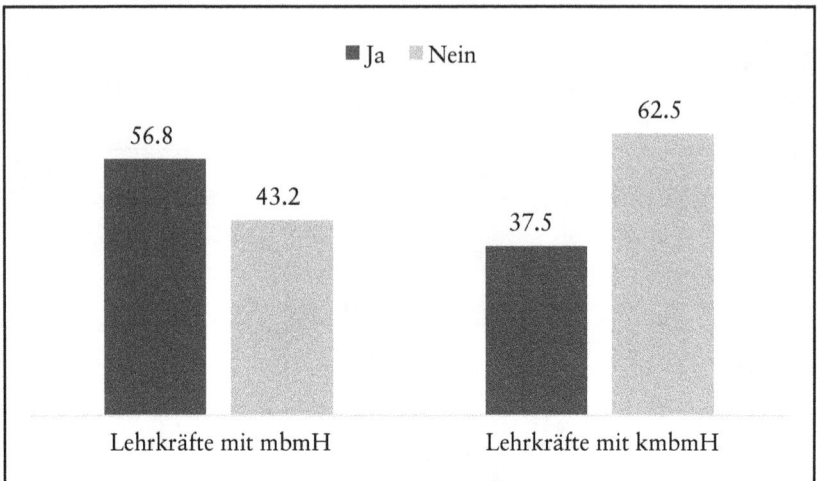

In den meisten Schulen sind diese Ergebnisse auf die fehlenden Unterrichtsmaterialien zurückzuführen. So berichten 45 % der Lehrkräfte, dass ihnen keine interkulturellen Kinder- und Jugendbücher für die Arbeit mit ihren Schüler_innen zur Verfügung stehen. Über die Hälfte (52,8 %) von ihnen behaupten dies auch für interkulturelle Kinder- und Jugendhörbücher. Mit Blick auf diese Aussagen kann folgende Übersicht hergestellt werden:

Abbildung 54: Interkulturelle Kinder- und Jugend(hör-)bücher oder -hörspiele (N = 235)

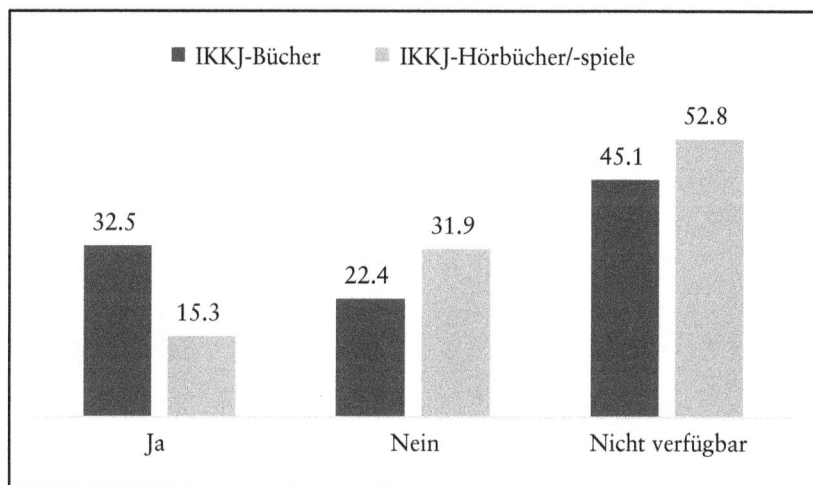

| IKKJ-Bücher | IKKJ-Hörbücher/-spiele |

Chart showing values:
- Ja: IKKJ-Bücher 32.5, IKKJ-Hörbücher/-spiele 15.3
- Nein: IKKJ-Bücher 22.4, IKKJ-Hörbücher/-spiele 31.9
- Nicht verfügbar: IKKJ-Bücher 45.1, IKKJ-Hörbücher/-spiele 52.8

Interkulturelle Kinder- und Jugendbücher kommen mit 32,5 % zwar selten, aber dennoch doppelt so oft zum Einsatz wie interkulturelle Kinder- und Jugendhörbücher/-spiele. Die letztgenannten Medien sind nicht nur seltener in den Schulen und Schulbibliotheken verfügbar, sondern werden auch seltener Teil der Unterrichtsgestaltung. Aufgrund dieser Tatsache wird das Medium Buch, auch mit interkulturellen Themeninhalten, leicht mehr fokussiert.

In der Primarstufe erreichen die Angaben der Grundschullehrkräfte zu diesem Medium sogar die höchsten Werte. Mehr als 40 % dieser Lehrkräfte berücksichtigen Kinder- und Jugendbücher mit interkulturellen Themenschwerpunkten. In den weiterführenden Schulformen sinkt dieser Wert um mindestens zehn bis maximal zwanzig Prozentpunkte. Somit steht fest: Themeninhalte mit einem interkulturellen Bezug werden hauptsächlich in den ersten vier Schulstufen zum Inhalt gemacht. In den restlichen Schulformen stehen interkulturelle Kinder- und Jugendbücher den Lehrkräften größtenteils nicht zur Verfügung. Die Förderschulen stellen dennoch einen Sonderfall dar. Lehrkräften dieser Schulform stehen diese Materialen größtenteils zur Verfügung (65,2 %). Allerdings entscheiden sie sich mehrheitlich gegen den Einsatz dieser Medien und Themen.

Schulform ($N_{Primarstufe}$ = 89; $N_{Förderschule}$ = 23; $N_{Sek\ I}$ = 83; $N_{Sek\ II}$ = 41)

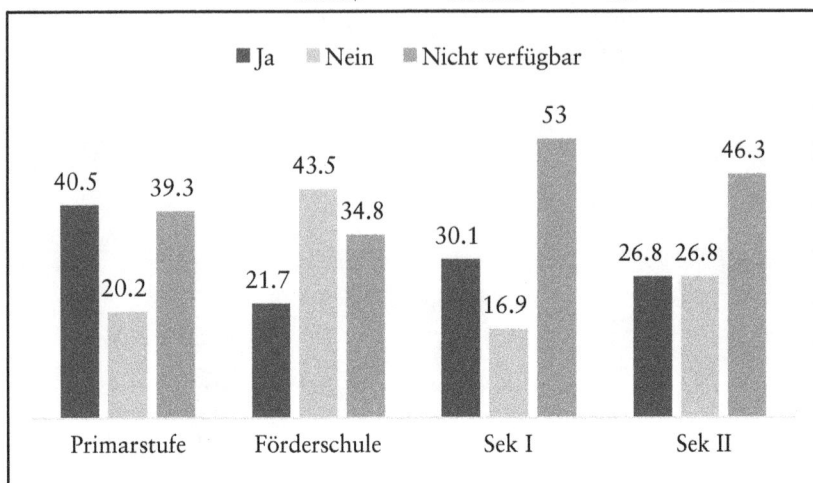

Interkulturelle Kinder- und Jugendhörbücher/-spiele finden nur in Ausnahmefällen den Weg in die Klassenzimmer und den Unterricht. In den meisten Fällen sind diese entweder nicht verfügbar oder sie kommen nicht zum Einsatz. Während interkulturelle Kinder- und Jugendbücher in der Primarstufe mit leicht über 40 % noch Gegenstand des Unterrichts sind, sind es im Zusammenhang mit Hörbüchern/-spielen weniger als die Hälfte: Interkulturelle Kinder- und Jugendhörbücher/-spiele finden durch etwa jede sechste (16 %) Lehrkraft als Alternative zu anderen Medien Einsatz.

Abbildung 56: Einsatz interkultureller Kinder- und Jugendhörbücher/-spiele nach Schulform ($N_{Primarstufe}$ = 89; $N_{Förderschule}$ = 23; $N_{Sek\ I}$ = 80; $N_{Sek\ II}$ = 42)

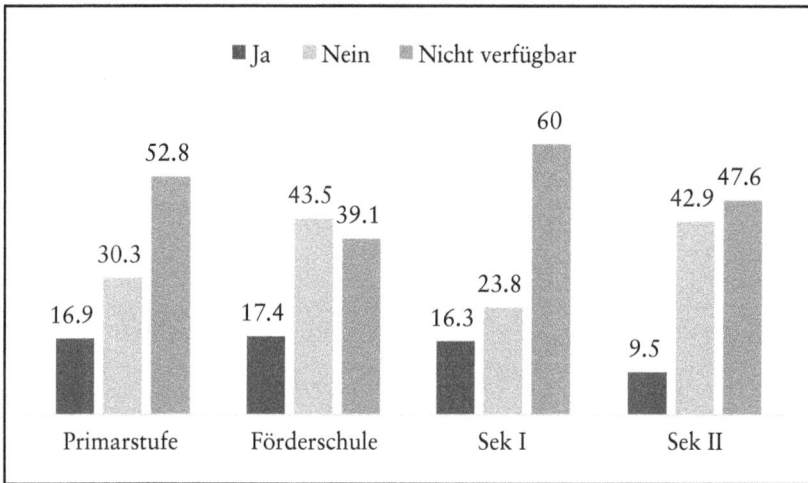

3.6.5 Mehrsprachige Inhalte in den Schulbibliotheken

Die unterrichtliche Situation setzt sich in der Schulbibliothek fort oder wird erst dadurch hervorgerufen. Die meisten Schulbibliotheken verfügen über keine mehrsprachigen Inhalte, sodass dieser Aspekt interkultureller Förderung und Sensibilisierung z.T. unberücksichtigt bleibt. Interessant ist dennoch die Tatsache, dass insbesondere in der Sek I und II Schüler_innen der Zugang zu mehrsprachigen Medienangeboten oftmals nicht versperrt wird. Diese Schulformen stellen ihren Lern(er)gruppen die entsprechenden Rahmenbedingungen für medial mehrsprachige Angebote zur Verfügung und vertrauen möglicherweise auf die Eigeninitiative ihrer Schülerschaft: die Sek I mit 31,3 % und die Sek II mit 35,7 %.

Ähnliche Ergebnisse sind für die Primarstufe zu konstatieren. Auch hier reicht dieser Wert leicht über 30 %. Jedoch ist der Großteil der Grundschulbibliotheken nicht im Besitz mehrsprachiger Inhalte, in Zahlen ausgedrückt fast 50 %. Außerdem verfügen etwa 11 % der Grundschulen und im Durchschnitt 12 % der Sek I und II über keine Schulbibliothek. Dies trifft für die Förderschulen nicht zu. Nichtsdestotrotz sind Medien und Themen zu Mehrsprachigkeit nicht Bestandteil der Bibliothek dieser Schulform, so die Aussage von mehr als drei Fünfteln (65,2 %) ihrer Lehrerschaft.

Unabhängig davon, welche Inhalte dort angeboten werden, verfügen fast 90 % der Schulen über eine Schulbibliothek. Lediglich 10,4 % der Lehrer_innen geben an, dass sie in ihrer Schule keine Schulbibliothek haben, und 16 % aller Lehrkräfte können keine Aussage darüber treffen, ob in ihrer Schulbibliothek mehrsprachige Inhalte vorhanden sind oder nicht.[26]

Abbildung 57: Mehrsprachige Inhalte in Schulbibliotheken (N = 241)

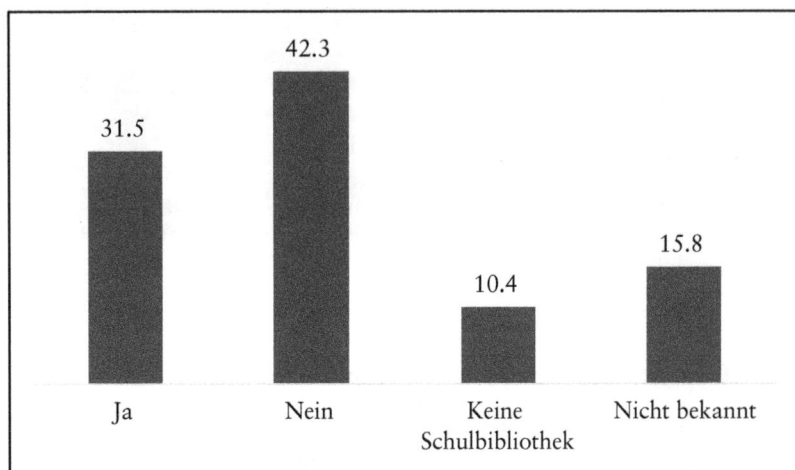

3.7 Mehrsprachigkeitsförderung

3.7.1 Optimaler Zeitpunkt zur Förderung der Mehrsprachigkeit

Die Lehrkräfte sind sich mehrheitlich darin einig, dass der Zeitpunkt der Förderung der Mehrsprachigkeit in den frühen Jahren verankert sein muss. Für über 80 % – das ist die große Mehrheit – stellt sich der Elementarbereich als der beste Zeitpunkt heraus. Für etwa jede zweite Lehrkraft (49,8 %) bieten auch die ersten beiden Schuljahre der Primarstufe einen günstigen Raum für die Förderung der Mehrsprachigkeit von Schüler_innen. Mit der Versetzung in eine höhere Schulklasse und dem Übergang auf weiterführende Schulformen sinkt ihre Erwartung hinsichtlich der Effektivität eines solchen Angebotes. Deshalb eignen sich für nur ein Fünftel (20,3 %) bis ein Viertel

---

26 Den Gründen dieses Ergebnisses könnte in einer Folgestudie nachgegangen werden.

(23,5 %) der Lehrer_innen auch die Klassenstufen 7 bis 9 der Sek I und 11 bis 13 der Sek II.

Abbildung 58: Optimaler Zeitpunkt zur Förderung der Mehrsprachigkeit (N = 217) (Mehrfachantwort möglich)

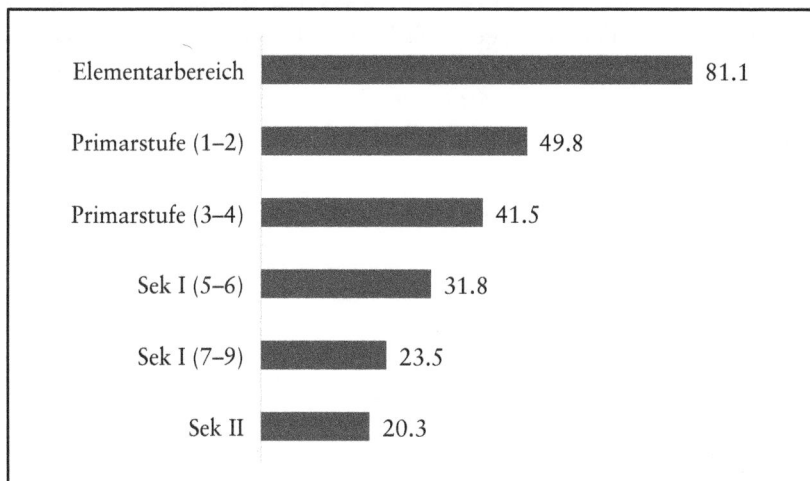

Elementarbereich	81.1
Primarstufe (1–2)	49.8
Primarstufe (3–4)	41.5
Sek I (5–6)	31.8
Sek I (7–9)	23.5
Sek II	20.3

Für eine optimale Förderung der Mehrsprachigkeit sehen die Lehrer_innen einen Unterricht im Umfang von mindestens einer bis maximal drei Schulstunden in der Woche dabei als ausreichend. Mehr als drei Schulstunden werden von etwa 30 % von ihnen als angemessen angesehen. Hinsichtlich der didaktisch-methodischen Vorgehensweise wird von einem eher kleineren Anteil die Integration der Mehrsprachigkeit in den regulären Unterrichtsablauf oder im Rahmen von Projektarbeiten vorgeschlagen. Auch additive Methoden schließen sie nicht aus. Wichtig erscheint ihnen, dass der reguläre Unterricht nicht gestört und Schüler_innen nicht voneinander isoliert werden. Sind diese Voraussetzungen geschaffen, könnte sich eine kleine Gruppe von Lehrer_innen auch vorstellen, je nach Situation und Bedarf eine (gezielte) Förderung der Mehrsprachigkeit anzubieten.

3.7.2 Wunsch nach Förderung der Mehrsprachigkeit

Wie bereits anhand der im vorherigen Kapitel vorgestellten Ergebnisse zu vermuten war, wünscht sich der überwiegende Teil der Lehrkräfte eine

Förderung der Mehrsprachigkeit ihrer Schüler_innen in den Schulen. Mit 66 % ist das Ergebnis eindeutig. Gleichwohl ist etwas mehr als ein Viertel (27,9 %) unentschlossen. Diese Lehrer_innen sind sich im Hinblick auf die Präsenz und Relevanz von Mehrsprachigkeit im Kontext Schule und Unterricht somit unsicher. Mit einer Minderheit von 6,2 % lehnen die wenigsten Lehrer_innen eine Förderung der Mehrsprachigkeit ihrer Schüler_innen ab.

Abbildung 59: Wunsch nach Förderung der Mehrsprachigkeit (N = 244)

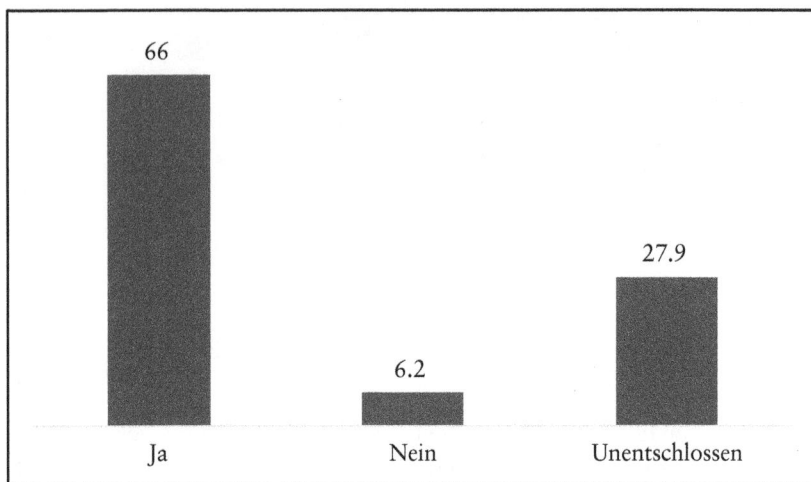

Diejenigen, die sich für die Förderung der Mehrsprachigkeit in Schule und Unterricht aussprechen, wünschen sich die Förderung der Mehrsprachigkeit ihrer Schüler_innen vor allem im Rahmen ergänzender Unterrichtseinheiten. Insbesondere AGs bzw. Projekte können nach Ansicht der Lehrkräfte dazu dienen, die Förderung der Mehrsprachigkeit zu verwirklichen. Eine kleine Gruppe der Lehrer_innen tendiert dazu, diese Förderung in den Nachmittagsbetrieb zu verschieben, und etwa genauso viele sehen als einzige Möglichkeit zur Umsetzung dieser Idee die Parallelstunde zum Religionsunterricht. Möglicherweise erkennen sie in dieser Zeit eine Lücke, die mit der Mehrsprachigkeitsförderung gefüllt werden könnte, ohne dass der reguläre Unterrichtsbetrieb gestört wird. Dennoch besteht Uneinigkeit darin, ob diese Förderung Teil des regulären Unterrichtsbetriebes sein oder parallel angeboten werden sollte.

Tabelle 11: Möglichkeiten der Förderung der Mehrsprachigkeit in Schule und Unterricht (N = 191) (Mehrfachantwort möglich)

Förderung der Mehrsprachigkeit in Schule und Unterricht	
Ergänzungsunterricht	47,1 %
in Form von AGs	39,8 %
im offenen Ganztag	35,6 %
durch Extrastunden	32,5 %
nachmittags	17,8 %
parallel zum Religionsunterricht	17,3 %
Sonstiges	10,5 %

3.7.3 Förderung der Mehrsprachigkeit im Rahmen der EU-Sprachenpolitik

Wird der Blick über die Grenzen der Schule und des eigenen Unterrichts hinausgerichtet, so sollten nach Meinung der Lehrkräfte folgende Erstsprachen ihrer Schüler_innen im Rahmen der EU-Sprachenpolitik gefördert werden:

Tabelle 12: Förderung von Erstsprachen im Rahmen der EU-Sprachenpolitik (N = 202)

	Sprachen	%		Sprachen	%
1	Türkisch	65,8	6	Kurdisch	24,8
2	Russisch	43,1	7	Rumänisch	19,3
3	Polnisch	38,6	8	Griechisch	18,8
4	Arabisch	37,6	9	Kroatisch	18,3
5	Italienisch	27,2	10	Serbisch	16,3

An erster Stelle steht die türkische Sprache. Über drei Fünftel (65,8 %) der Lehrkräfte wünscht sich die Förderung von Türkisch im Rahmen der EU-Sprachenpolitik. Neben der türkischen Sprache wünschen sie sich vor allem auch für die Sprache ihrer russischstämmigen Schüler_innen große Aufmerksamkeit. Unter den ersten fünf Sprachen sind zudem Polnisch, Arabisch und Italienisch zu nennen. Erst an sechster und siebter Stelle rücken die Sprachen Kurdisch und Rumänisch in den Vordergrund.

Hervorzuheben ist die Tatsache, dass diese Forderungen sehr nah an den Angaben zu den durch ihre Schüler_innen vertretenen Sprachen liegen. So konnte beispielsweise herausgearbeitet werden, dass mehrheitlich türkischsprachige Schüler_innen in den deutschen Schulen und Klassenzimmern vertreten sind, genauso aber auch ein bedeutender Anteil an polnisch-, russisch- und arabischstämmigen Lern(er)gruppen (vgl. Tabelle 1).

Die Realität der Mehrsprachigkeit in den Schulen scheint somit nicht nur einen Wandel in den Einstellungen herbeizuführen, sondern sie steigert auch den Status von Erstsprachen. Hier wird deutlich, dass die Lehrkräfte die Relevanz und Wichtigkeit dieser Sprachen erkannt haben und diesen deshalb mehr Aufmerksamkeit schenken möchten als bisher.

3.8 Lebensweltbezug in den Schullehrwerken

Über drei Fünftel (61,2 %) der Lehrer_innen finden die Schullehrwerke für den Unterricht mit mehrsprachigen Lern(er)gruppen nicht geeignet. Das heißt: Die aktuellen Schullehrwerke bieten den Lehrer_innen für den Unterricht mit sprachlich heterogenen Lern(er)gruppen keine unmittelbare Unterstützung. Sie sind also, wie bereits in Kapitel 3.5.2 herausgearbeitet werden konnte, häufig auf sich selbst gestellt, fühlen sich im Hinblick auf das Thema Mehrsprachigkeit sehr oft alleine gelassen, wissen sich aber durch autodidaktische Maßnahmen selbst zu helfen (vgl. Kapitel 3.5.1). Darüber hinaus kann diese Tatsache u. a. dazu beitragen, dass sie sich durch die Realität der Mehrsprachigkeit in Schule und Unterricht stärker überfordert und/oder überlastet fühlen (vgl. ebd.).

Abbildung 60: Eignung der Schullehrwerke für den Unterricht mit mehrsprachigen Lern(er)gruppen (N = 245)

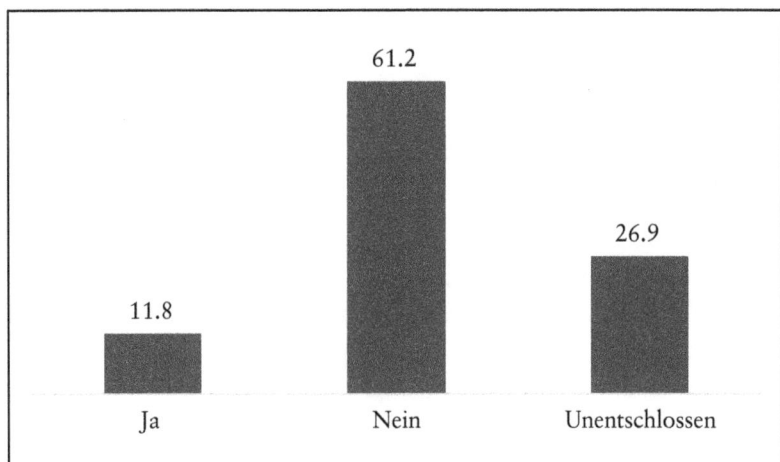

61.2

26.9

11.8

Ja   Nein   Unentschlossen

Die Wahrnehmung und Einschätzung von 11,8 % der Lehrer_innen liefert wiederum andere Ergebnisse. Diese kleine Gruppe an Lehrer_innen, sie unterrichtet hauptsächlich an Förderschulen (17,4 %), findet sich mit den aktuellen Schullehrwerken für den Unterricht mit Schüler_innen aus einem mehrsprachigen Kontext eher zurecht als ihre Kolleg_innen von der Primarstufe, aber auch der Sek I und II.

So sind nach Ansicht von fast 70 % der Grunschullehrer_innen die Schullehrwerke nicht unmittelbar für den Unterricht mit heterogenen Schülergruppen konzipiert. Ähnliche Ergebnisse sind für die Sek I zu konstatieren; bei der Sek II liegt dieser Wert mit 50 % etwas mehr als 10 Prozentpunkte unter den Angaben der zweitgenannten Lehrkräfte. Dennoch sind es an erster Stelle Lehrer_innen der Sek II, die eine unentschlossene Haltung aufweisen. Fast 40 % dieser pädagogischen Fachkräfte gelingt eine konkrete Aussage nicht und mit etwas mehr als einem Drittel (34,8 %) auch den Förderschullehrer_innen nicht.

Abbildung 61: Eignung der Schullehrwerke für den Unterricht mit mehrsprachigen Lern(er)gruppen nach Schulform ($N_{Primarstufe}$ = 91; $N_{Förderschule}$ = 23; $N_{Sek\ I}$ = 86; $N_{Sek\ II}$ = 44)

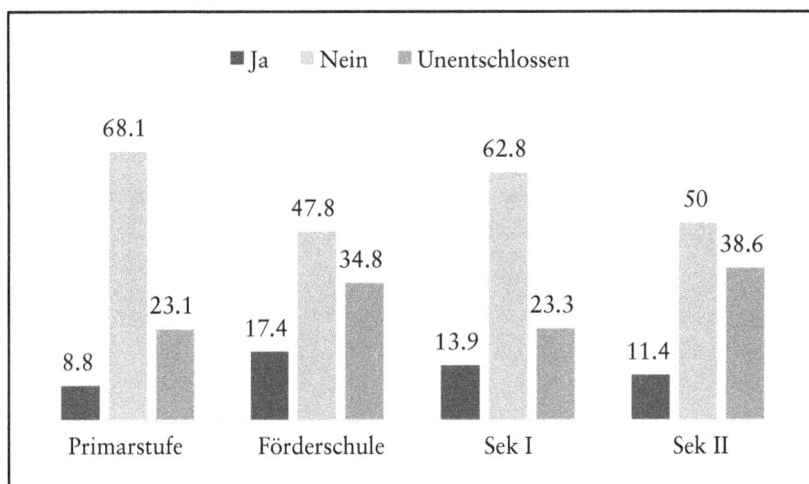

Werden die wenigen Schullehrwerke, die nach Ansicht der Lehrkräfte für den Unterricht mit mehrsprachigen Lern(er)gruppen geeignet sind, näher in den Blick genommen, so können folgende Ergebnisse festgehalten werden:

Jede zweite Lehrkraft (50,8 %) in Deutschland findet die mehrsprachigen Lebenswirklichkeiten ihrer migrationsbedingt mehrsprachigen Schüler_innen in den Schullehrwerken nicht wieder. Diese fehlende Geltung muss sich nach Meinung von fast zwei Fünfteln (38,8 %) der Lehrenden ändern. Nur 10,4 % erklärt sich mit der bestehenden Situation zufrieden.

Abbildung 62: Mehrsprachige Lebenswirklichkeiten in Schullehrwerken (N = 240)

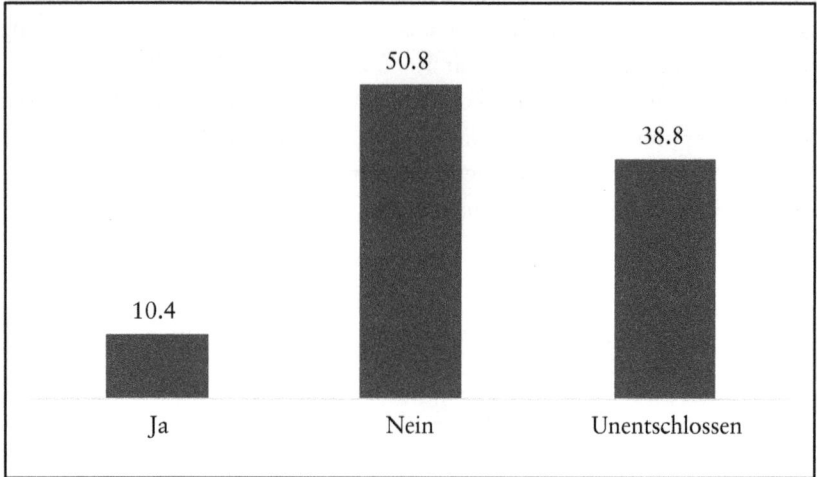

Differenziert nach Schulformen ergeben sich keine deutlichen Unterschiede. Gleichwohl heben sich die Angaben der Förderschullehrer_innen von den Angaben ihrer Kolleg_innen der restlichen Schulformen zum Teil ab.

■ Ja   ▨ Nein   ■ Unentschlossen

	Primarstufe	Förderschule	Sek I	Sek II
Ja	10.1	4.3	10.6	14.3
Nein	49.4	60.9	50.6	47.6
Unentschlossen	40.5	34.8	38.8	38.1

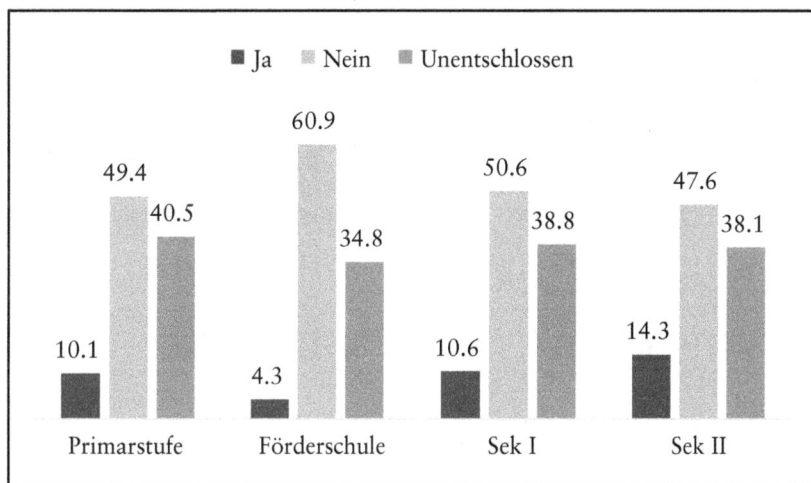

In dieser Schulform finden die mehrsprachigen Lebenswirklichkeiten von sprachlich heterogenen Lern(er)gruppen seltener Geltung als in den anderen Schulformen. Nichtsdestotrotz bleiben auch in den Schullehrwerken der Primarstufe, Sek I und II der Alltag sowie sozio-kulturelle Hintergründe der migrationsbedingt mehrsprachigen Schüler_innen größtenteils unberücksichtigt.

3.9 Wahrnehmungen und Vorstellungen von Fort- und Weiterbildungsangeboten

3.9.1 Fortbildungen in Deutsch als Zweitsprache

Es stellen sich zwei etwa gleich große Gruppen von Lehrer_innen heraus. Lehrer_innen, die Fortbildungsangebote in DaZ wahrnehmen, und solche, die diese Angebote nicht wahrnehmen. Etwa 16 % nehmen sogar regelmäßig an diesen Fortbildungen teil, weitere 1,6 % nur gezwungenermaßen.

Abbildung 64: Fortbildungen in DaZ (N = 242)

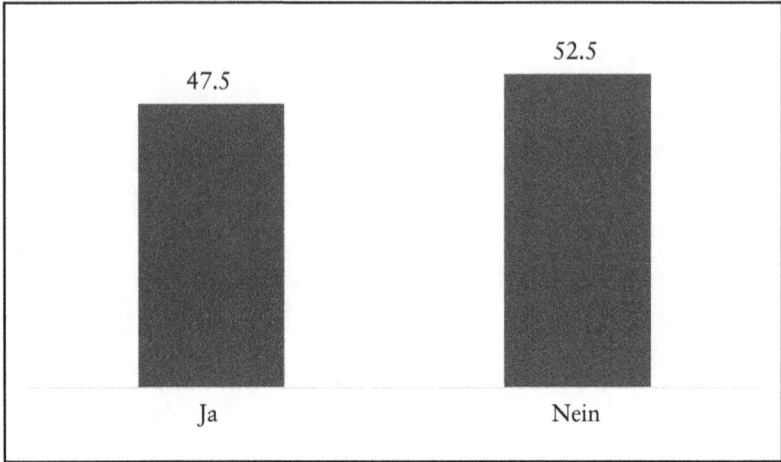

Abbildung 64: Fortbildungen in DaZ (N = 242)

Gerade Lehrer_innen, die diese Angebote nutzen, wünschen sich häufig eine größere Anzahl an Fort- und Weiterbildungsangeboten bezüglich DaZ. Fast 71 % der Lehrkräfte mit Fortbildungserfahrungen wünschen im Anschluss die Fortsetzung dieser Angebote. Lehrkräfte mit keinen Fortbildungserfahrungen bringen deutlich seltener (42,9 %) einen solchen Wunsch zum Ausdruck.

Abbildung 65: Fortbildungen in DaZ nach Fortbildungserfahrungen (N_{LmF} = 114; N_{LoF} = 126)

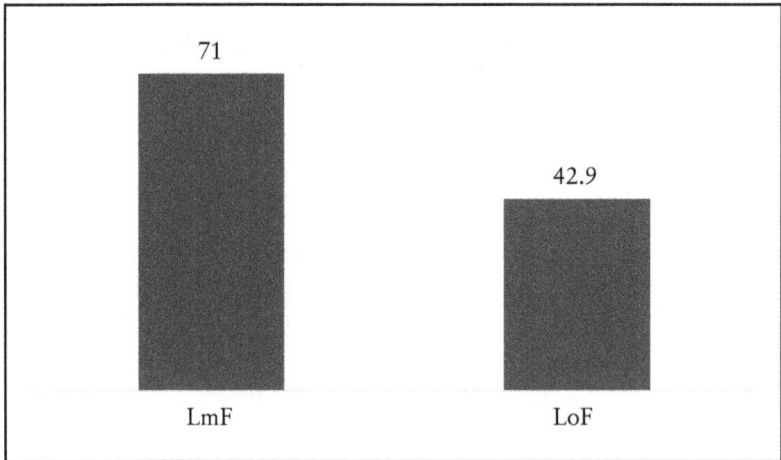

Angesichts der Tatsache, dass in bereits über 55 % der Schulen DaZ für Schüler_innen mit einem migrationsbedingt mehrsprachigen Hintergrund vorgesehen ist, sollten Fort- und Weiterbildungsangebote für Lehrkräfte in diesem Bereich eine immer wichtigere Bedeutung einnehmen. Gerade in der Primarstufe bilden Unterrichtseinheiten bzw. Fördermaßnahmen in DaZ die Regel. In über 78 % der Grundschulen ist DaZ Teil des Unterrichtsalltags. In den Förderschulen und der Sek I ist eine ähnliche Tendenz festzustellen. Lediglich in der Sek II bleibt DaZ fast vollständig unberücksichtigt.

Abbildung 66: DaZ nach Schulform (N$_{Primarstufe}$ = 92; N$_{Förderschule}$ = 23; N$_{Sek\ I}$ = 86; N$_{Sek\ II}$ = 44)

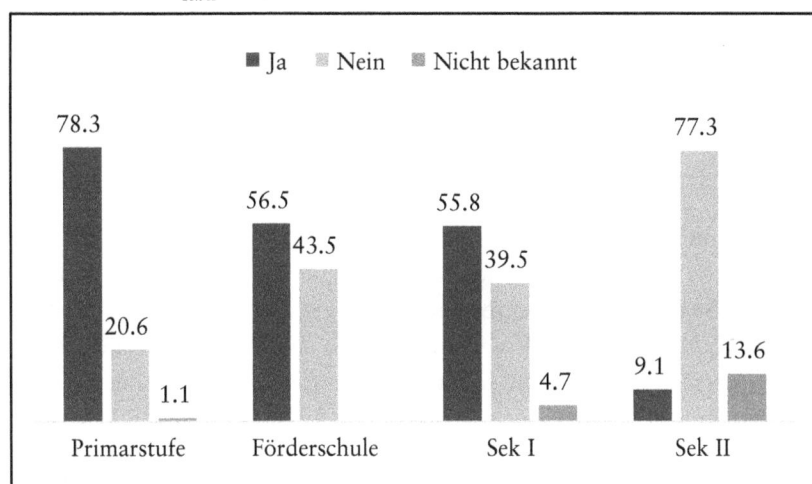

Werden diese Angaben mit den Ergebnissen zur Wahrnehmung von Fort- und Weiterbildungsangeboten durch die Lehrkräfte verglichen, so ergibt sich folgende supplementäre Übersicht:

Abbildung 67: Wahrnehmung von Fortbildungsmaßnahmen in DaZ nach Schulform (N$_{Primarstufe}$ = 91; N$_{Förderschule}$ = 22; N$_{Sek\ I}$ = 84; N$_{Sek\ II}$ = 44)

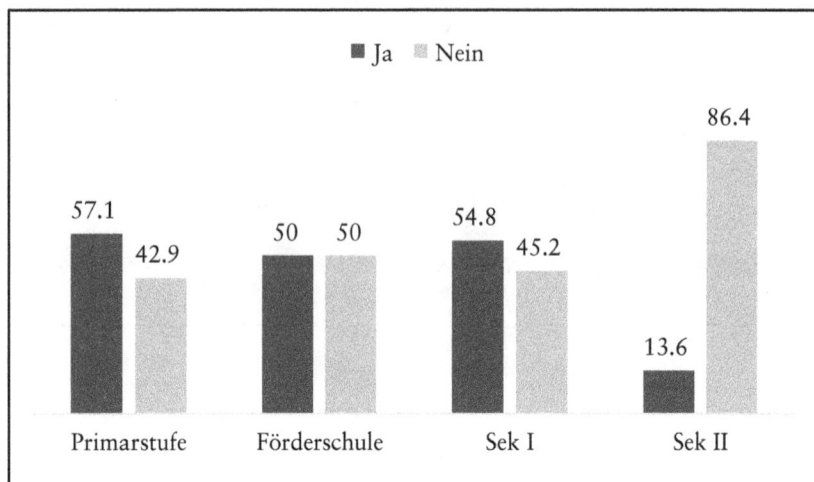

Die Relevanz von DaZ in den entsprechenden Schuformen löst bei den Lehrkräften dieser Schulformen möglichweise den Bedarf nach Fortbildungsmaßnahmen aus. Lehrer_innen der Primarstufe nehmen Fortbildungsangebote zu über 55% wahr. Deshalb sind sie ihren Kolleg_innen der Förderschulen, Sek I und II zumindest hinsichtlich der Wahrnehmung solcher Veranstaltungen (leicht) voraus. Wird allerdings davon ausgegangen, dass in fast 80 % der Grundschulen DaZ Teil des Unterrichtsalltags ist, so ist das Interesse der Grundschullehrer_innen für Fortbildungen in DaZ als noch ausbaufähig zu charakterisieren.

Demgegenüber ist das Verhältnis von DaZ in der Schule und der Wahrnehmung von Fortbildungsangeboten zu DaZ in den Förderschulen und der Sek I fast ausgeglichen. Die Lehrkräfte dieser Schulformen scheinen die aktuelle Situation in Bezug auf dieses Thema unmittelbar zu erkennen und entsprechend zu reagieren.

Lehrkräfte der Sek II haben relativ wenig Erfahrung mit und Fortbildungen in DaZ. Da in dieser Schulform DaZ kaum Berücksichtigung findet, wird dieses Thema von den Lehrkräften dieser Schulform in den seltensten Fällen (13,6 %) fokussiert. Unverständlich bleibt, warum die DaZ-Förderung der mehrsprachigen Schüler_innen in der Sek II kaum durchgeführt

wird. Dabei wäre die Unterstützung der Schüler_innen auch in der Sek II
für die weitere Vermittlung und Vertiefung der Fachsprache notwendig und
wünschenswert.

3.9.2 Teilnahmebedingungen an Fort- und Weiterbildungsangeboten

*Abbildung 68: Teilnahme an Fort- und Weiterbildungsangeboten unter
erleichterten Teilnahmebedingungen (N_{Ja} = 181; N_{Nein} = 55)*

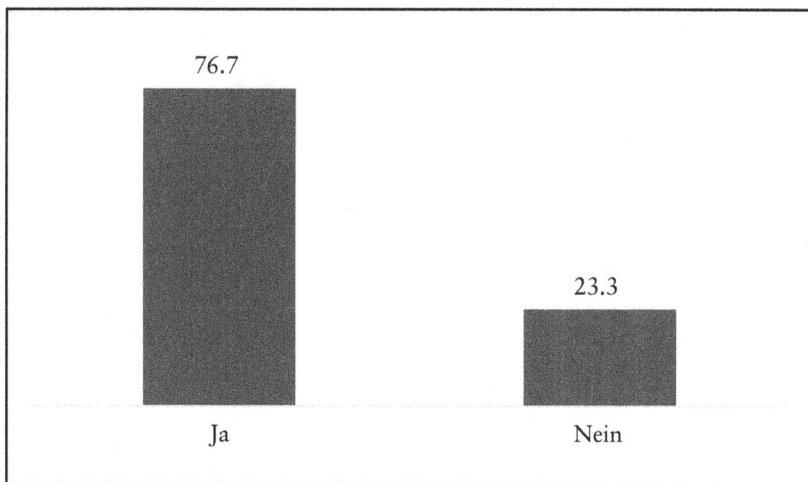

Ein möglicher Grund für die Nicht-Teilnahme an Fort- und Weiterbildungsangeboten ist die Distanz, die Lehrkräfte für die Teilnahme an diesen Veranstaltungen zurücklegen müssen. Würden diese Fort- und Weiterbildungen
beispielsweise in der eigenen Schule stattfinden, so würde dies die Teilnahme
für über drei Viertel (76,7 %) der Lehrer_innen erleichtern. Dadurch würde
einer großen Mehrheit der Lehrkräfte ohne Fortbildungserfahrungen – diese
Lehrergruppe wünschte sich seltener Fort- und Weiterbildungsangebote
(vgl. Kapitel 3.9.1) – die Teilnahme an diesen Veranstaltungen ermöglicht.
Über 75 % von ihnen geben an, dass sich durch den Veranstaltungsort
Schule ihre Teilnahmewahrscheinlichkeit erhöhen würde. Außerdem scheint
diese Implementierung auch für Lehrkräfte mit Fortbildungserfahrungen
vorteilhaft.

Abbildung 69: Wahrnehmung von Fortbildungsangeboten in DaZ nach Fortbildungserfahrungen (N_{LmF} = 114; N_{LoF} = 126)

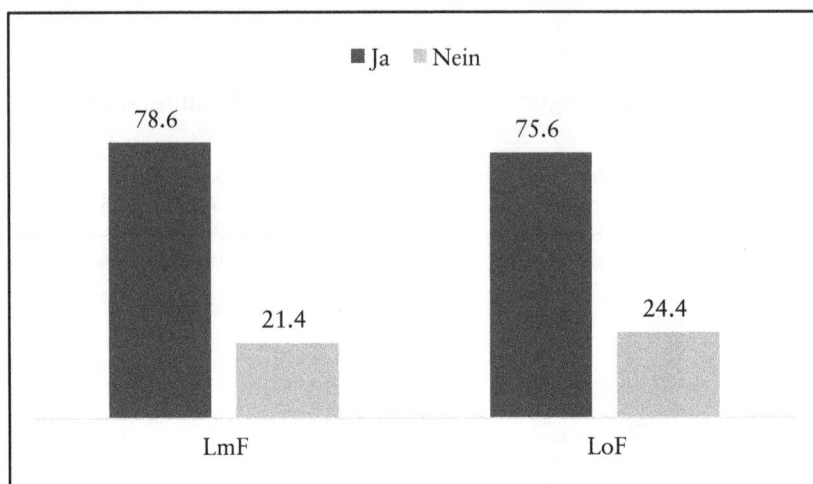

3.10 Kooperation mit dem Kollegium und das Interesse an Best-Practice-Beispielen

3.10.1 Wunsch nach mehr Kooperation mit Kolleg_innen

Etwa zwei Drittel (59,3 %) der Lehrer_innen wünschen sich mehr Unterstützung von und Kooperation mit ihren Kolleg_innen bezüglich des Unterrichts in und mit sprachlich heterogenen Lern(er)gruppen. Hierzu zählen an erster Stelle diejenigen unter ihnen, die die Vorbereitung auf diesen Unterricht als mühevoll und sehr mühevoll empfinden. Ihre Kolleg_innen, die mit dieser Herausforderung bzw. Situation voll und ganz zurechtkommen, sehen eine Kooperation zu 64 % als nicht erforderlich.

Je mühevoller dieser Unterricht empfunden wird, desto größer ist also der Wunsch nach einem Austausch bzw. einer Zusammenarbeit. Deshalb sprechen sich stark herausgeforderte Lehrkräfte für mehr Thinktank-Aktionen untereinander aus, um den Unterricht mit sprachlich heterogenen Lern(er) gruppen zu bewältigen.

Abbildung 70: *Wunsch nach mehr Kooperation mit Kolleg_innen bezüglich des Unterrichts in und mit sprachlich heterogenen Lern(er)gruppen nach individueller Befindlichkeit (N$_{Ja}$ = 150; N$_{Nein}$ = 75)*

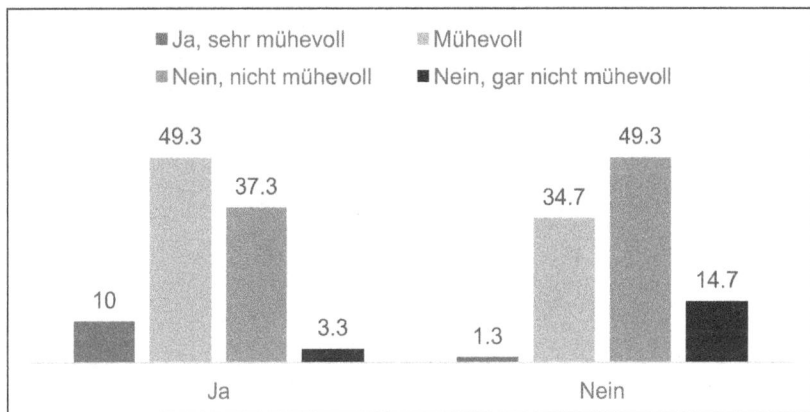

3.10.2 Idee eines Materialien-Pools mit Best-Practice-Beispielen

Deutlich wird dieser Wunsch nach mehr Austausch und Unterstützungs-möglichkeiten auch im Zusammenhang mit der Idee eines Materialien-Pools mit *Best-Practice-Beispielen*. Die große Mehrheit der Lehrkräfte wäre also dazu bereit, auch mit anderen Lehrer_innen aus anderen Schulen in ihrer Umgebung oder sogar deutschlandweit in einem virtuellen Arbeitsraum zusammenzukommen. Dort hätten sie nicht nur die Möglichkeit, ihre prak-tischen Erfahrungen und ihr Wissen zur Wortschatz- und Grammatikver-mittlung anderen zugänglich zu machen, sondern auch die Chance, sich zu vernetzen. Darüber hinaus besteht großes Interesse daran, fachunterrichts-spezifische Materialien-Pools mit *Best-Practice-Beispielen* untereinander auszutauschen. In einem digitalen Forum könnte die Vernetzung internet-basiert erfolgen, Neuigkeiten könnten mit einem sogenannten Newsletter automatisch verteilt werden.

Abbildung 71: Interesse an einem Materialien-Pool mit Best-Practice-Beispielen (N = 238)

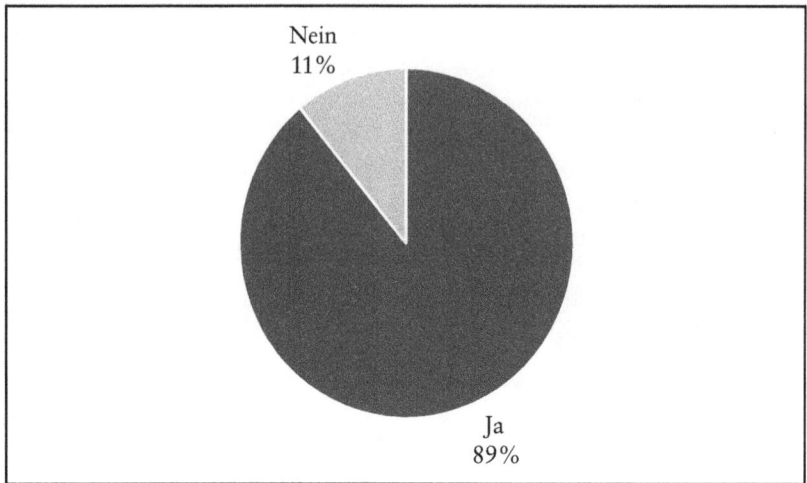

Nein
11%

Ja
89%

3.11 Ausblick

Die Mehrsprachigkeit wird von einer großen Mehrheit der Lehrer_innen in Deutschland als eine Realität im Schulalltag wahrgenommen und damit haben die Erstsprachen der Schüler_innen ebenso einen Statuswandel erfahren. Wie aus der Studie deutlich wurde, finden die Erstsprachen der migrationsbedingt mehrsprachigen Schüler_innen vorrangig in Partner- und Gruppenarbeiten Anwendung. Gleichwohl erfordert diese Aktualität und die unmittelbare Relevanz dieses Themas für ihre Lehrtätigkeit und den sprachlichen Lernprozess dieser Schüler_innen eine differenziertere Auseinandersetzung in der Vorbereitung und der Gestaltung des Unterrichts.

Laut der Ergebnisse der Studie fühlen sich Lehrer_innen für den Unterricht und die Arbeit mit und für ihre mehrsprachigen Lern(er)gruppen aktuell nicht gut genug vorbereitet und wünschen sich mehr Unterstützung. Deshalb nimmt nach Angaben der Lehrer_innen die Unterrichtsvorbereitung, falls diese an sprachlich heterogene Lern(er)gruppen angepasst ist, übermäßig viel Zeit in Anspruch. Neben der fehlenden Ausbildung im Studium sind diese Ergebnisse u. a. auch auf die Schullehrwerke zurückzuführen. Teilweise berücksichtigen sie nicht die mehrsprachigen Lebenswirklichkeiten der Schüler. Es wäre daher sinnvoll, die angehenden Lehrkräfte bereits während des Studiums und später im Vorbereitungsdienst auf den sprachsensiblen Unterricht in der Praxis differenzierter vorzubereiten bzw. diesen Prozess zu fördern. Den Studienseminaren in der zweiten Phase der Lehrerausbildung kommen hierbei eine wichtige Rolle hinzu. Der erhoffte Material-Pool mit *Best-Practice-Beispielen* zur Wortschatz- und Grammatikvermittlung und für den sprachsensiblen Fachunterricht würde dabei eine Bereicherung für sie sein und sie in ihrer Lehrtätigkeit unterstützen.

In der Studie hat sich zudem herausgestellt, dass die mehrsprachigen Schüler unabhängig von Schulform durchgehend beim Schreiben und Leseverstehen Unterstützungsbedarf aufzeigen. Deshalb wäre es wünschenswert, primär hier anzusetzen. Für alle Schulformen sollten bessere Konzepte des Schrifterwerbs (ausgehend von silbenbasierten Methoden), der Schreibentwicklung sowie Modelle der Leseförderung erarbeitet werden, um auch der mehrsprachigen Gruppe besser gerecht werden zu können.

Es wird zusätzlich empfohlen, mit den Lehrer_innen des Herkunfts- oder Erstsprachenunterrichts eine Kooperation entstehen zu lassen, um die Schreibfertigkeiten sowohl in der Erst- als auch in der Zweitsprache der Schüler_innen zu fördern. Die Kooperation des Fachunterrichts mit dem HSU könnte erfolgversprechend sein, da gleiche bzw. ähnliche Themen bearbeitet werden könnten und somit systematisch die (Mehr-)Schriftlichkeit (das Schreiben in verschiedenen Textformen, für unterschiedliche Zwecke) gefördert werden würde. Für mehrsprachige Schüler_innen bedeutet die Förderung ihrer Erstsprache den möglichen Ausbau ihres sprachlichen Potenzials, sodass die Schriftlichkeit und grammatische Bewusstheit unterstützt werden können. Diese Form der Kooperation (Austausch, Team-Teaching etc.) kann erfahrungsgemäß die Partizipation am Unterricht günstig beeinflussen. Hierfür benötigen die Lehrkräfte ein Verständnis von Sprachstrukturen der Erstsprachen der Schüler, jedoch müssen sie nicht zwingend diese Sprachen beherrschen – ihre Schüler_innen fungieren als Experten. Dadurch könnte also ein Synergieeffekt entstehen. Schulen, die die Erstsprachen der Schülerschaft nicht anbieten, könnten die Eltern und Schüler_innen auf andere naheliegende Schulen, in denen die Sprachen der Schüler unterrichtet werden, verweisen.

Im Hinblick auf Fort- und Weiterbildungsangebote konnten festgestellt werden, dass ein Großteil der Lehrkräfte in der Primarstufe diese Angebote für DaZ in Anspruch nimmt. In der Sek II dahingegen bleibt die Förderung in DaZ fast vollständig unberücksichtigt. Dabei wäre es auch in dieser Stufe von großer Wichtigkeit, migrationsbedingt mehrsprachige Schüler_innen hinsichtlich DaZ weiterhin zu unterstützen. Laut Zubiz (2011) sind sämtliche Sprachhürden mit dem Einzug in die Sek II nicht überwunden. Diese spezielle Schülergruppe bedarf aufgrund ihrer kulturell determinierten Erschließungsfähigkeit von Wort- und Textbedeutung im Deutschunterricht der gymnasialen Oberstufe nach wie vor einer gezielten Förderung. Das zeigt sich auch in dieser Mehrsprachigkeitsstudie, gerade auch im Blick auf die Unterscheidung nach Gender: Von einer Förderung dieser Lern(er)gruppe in DaZ auch in der Sek II würde an erster Stelle die männliche Schülerschaft profitieren.

Auch in den Schullehrwerken ist ein Wandel bzw. Umdenken erforderlich, damit der Mehrsprachigkeit und Mehrkulturalität der Zielgruppen mehr Aufmerksamkeit geschenkt wird. In Schullehrwerken können vermehrt die lexikalisch-kulturelle mehrsprachige Lebenswelt dieser Schüler_innen Berücksichtigung finden. Auf diesem Wege wäre es möglich den mehrsprachigen Wortschatz der Schüler_innen gezielt aufzubauen. Hierfür sollte geeignete interkulturelle Kinder- und Jugendliteratur, die den Bezug zur mehrsprachigen und -kulturellen Lebenswelt dieser Schüler_innen schafft, im Unterricht Einsatz finden.

Zu berücksichtigen sind auch die Möglichkeiten der (digitalen) Medien. Diese können die Arbeit mit Schüler_innen mit Herausforderungen positiv beeinflussen (vgl. Bosse 2012; Holzwarth 2008; Kutscher/Klein/Lojewski/ Schäfer 2009) und einen entscheidenden Beitrag zur interkulturellen Verständigung leisten (vgl. Theunert 2008) – auch von Anfang an (vgl. Marci-Boehncke/Rath/Güneşli 2013). Das Augenmerk sollte allerdings nicht allein auf die technischen Endgeräte gelegt werden. „Medienentscheidungen sollten primär didaktische Entscheidungen sein, bei denen der Medieneinsatz den unterrichtlichen Notwendigkeiten folgt und nicht der Unterricht den medialen Gegebenheiten und Möglichkeiten" (Hüther 2010, S. 237).[27] Es

---

27 In diesem Zusammenhang soll auf die Landesinitiative Medienpass NRW verwiesen werden, die Lehrer_innen „bei der Vermittlung eines sicheren und verantwortungsvollen Umgangs mit Medien" (Breiter 2014, S. 18) unterstützen soll. Für nähere Informationen zum Medienpass NRW siehe auf folgender Internetseite: https://www.medienpass.nrw.de/de.

bedarf also medienpädagogischer Kompetenzen (vgl. Baacke 1996; Groeben 2002; Tulodziecki 1998), um das Potenzial an Möglichkeiten dieser Angebote, für den Unterricht (vgl. Aufenanger 2015; Rath/Strehlow 2013) auch für und mit sprachlich heterogenen Lern(er)gruppen, auszuschöpfen. Neue mehrsprachige Lehrwerke und Unterrichtsmaterialien oder mehrsprachige Lernprogramme allein sind deshalb nicht erfolgsversprechend, auch macht „Medieneinsatz ohne didaktische Notwendigkeit und Einbettung in ein curriculares Gesamtarrangement [...] wenig Sinn" (ebd., S. 239).

Insgesamt geht aus der Studie hervor, dass die Mehrsprachigkeit bereits jetzt in den deutschen Schulen Alltag ist und die Erstsprachen der Schüler_innen stärker Berücksichtigung findet. Insbesondere aus den Antworten der Lehrer_innen zur Förderung von Erstsprachen im Rahmen der EU-Sprachenpolitik ergibt sich für die Politik die Aufgabe, die Förderung der Erstsprachen der migrationsbedingt mehrsprachigen Bevölkerungsgruppe in Deutschland im europäischen Kontext in größerem Rahmen zu berücksichtigen. Somit sind institutionelle Weichenstellungen für eine systematische Förderung der Mehrsprachigkeit dringlich – gegenwärtig mehr denn je.

4. Literaturverzeichnis

Aufenanger, Stefan (2015). Tablets und Apps in Schule und Unterricht. In: 19. Forum Mainzer Medienwirtschaft (21.07.2015). Von der Tafel zum Tablet – Wachstumsmarkt Lern-Apps. http://mainzer-medienwirtschaft. de/aktuelles/19-forum-mainzer-medienwirtschaft-von-der-tafel-zum-tablet-wachstumsmarkt-lern-apps/ [Zugriff: 14.10.2015].

Baacke, Dieter (1996). Medienkompetenz – Begrifflichkeit und sozialer Wandel. In: v. Rein, Antje (Hrsg.). Medienkompetenz als Schlüsselbegriff. Bad Heilbrunn: Klinkhardt, S. 4–10.

Baumert, Jürgen (2001) (Hrsg.). PISA 2000 – Basiskompetenzen von Schülerinnen und Schülern im internationalen Vergleich. Opladen: Leske + Budrich.

Biermann, Ralf (2013): Medienkompetenz – Medienbildung – Medialer Habitus. Genese und Transformation des medialen Habitus vor dem Hintergrund von Medienkompetenz und Medienbildung. In: Medienimpulse, Nr. 4/2013. http://www.medienimpulse.at/pdf/Medienimpulse_Medienkompetenz__Medienbildung__Medialer_Habitus_Biermann_20131203.pdf [Zugriff: 18.10.2015].

Bildung in Deutschland 2006. Ein indikatorengestützter Bericht mit einer Analyse zu Bildung und Migration. Bielefeld: Bertelsmann http://www. bildungsbericht.de/daten/gesamtbericht.pdf [Zugriff: 14.10.2015].

Bosse, Ingo (2012). Medienbildung im Zeitalter der Inklusion – eine Einleitung. In: Bosse, Ingo (Hrsg.). Medienbildung im Zeitalter der Inklusion. Düsseldorf: Landesanstalt für Medien Nordrhein-Westfalen, S. 11–26.

Breiter, Andreas (2014). Der Medienpass als Instrument zur Förderung von Medienkompetenz. Vergleichende Analyse auf der Basis der Studie zur Medienintegration in Grundschulen in Nordrhein-Westfalen. In: Landesanstalt für Medien (LfM) (Hrsg.). 9. Bericht der Landesanstalt für Medien Nordrhein-Westfalen (LfM) zur Medienkompetenz in Nordrhein-Westfalen. Düsseldorf, S. 18.

Bundestag (2008). Gesetz zu dem Übereinkommen der Vereinten Nationen vom 13. Dezember 2006 über die Rechte von Menschen mit Behinderungen sowie zu dem Fakultativprotokoll vom 13. Dezember 2006 zum Übereinkommen der Vereinten Nationen über die Rechte von Menschen

mit Behinderungen. Vom 21. Dezember 2008. http://www.un.org/depts/
german/uebereinkommen/ar61106-dbgbl.pdf [Zugriff: 17.09.2015].

Grießhaber, Wilhelm/Özel, Bilge/Rehbein, Jochen: Aspekte von Arbeits-
und Denksprache türkischer Schüler. In: Unterrichtswissenschaft, Heft
24/1996, S. 3–20.

Groeben, Norbert (2002). Dimensionen der Medienkompetenz: Deskrip-
tive und normative Aspekte. In: Groeben, Norbert/Hurrelmann, Bettina
(Hrsg.). Medienkompetenz. Voraussetzungen, Dimensionen, Funktionen.
Weinheim und München: Juventa, S. 160–197.

Hoffmann, Ludger (2011) Mehrsprachigkeit im funktionalen Sprachunterricht. In: Hoffmann, Ludger/ Ekinci-Kocks, Yüksel (Hrsg.) (2011)Sprach-
didaktik in mehrsprachigen Lerngruppen. Vermittlungspraxis Deutsch
als Zweitsprache. Hohengehren: Schneider.

Hoffmann, Ludger (2015) Mehrsprachige Schule. In: Budde, Monika/Hoff-
mann, Ludger/Kamayama, Shinichi (Hrsg): Deutsch als Zweitsprache.
Grundlagen für die Lehrerausbildung. Berlin: Erich Schmid (erscheint).

Holzwarth, Peter (2008) (Hrsg.). Migration, Medien und Schule. Fotografie
und Video als Zugang zu Lebenswelten von Kindern und Jugendlichen
mit Migrationshintergrund. München: kopaed.

Hüther, Jürgen (2010). Mediendidaktik. In: Hüther, Jürgen/Schorb, Bernd
(Hrsg.). Grundbegriffe Medienpädagogik. München: kopaed, S. 234–240.

Kameyama, Shinichi/ Özdil, Erkan (i.V.) Mehrsprachigkeit. In: Budde,
Monika/Hoffmann, Ludger/Kamayama, Shincihi (Hrsg): Deutsch als
Zweitsprache. Grundlagen für die Lehrerausbildung. Berlin: Erich
Schmid (erscheint).

Kultusministerkonferenz (1997) (Hrsg.). Grundsätzliche Überlegungen zu
Leistungsvergleichen innerhalb der Bundesrepublik Deutschland – Konstanzer Beschluss – Beschluss vom 24.10.1997. http://www.kmk.org/
fileadmin/veroeffentlichungen_beschluesse/1997/1997_10_24-Konstan-
zer-Beschluss.pdf [Zugriff: 17.09.2015].

Kultusministerkonferenz (2004a) (Hrsg.). Bildungsstandards im Fach
Deutsch für den Primarbereich. Beschluss vom 15.10.2004. http://www.
kmk.org/fileadmin/veroeffentlichungen_beschluesse/2004/2004_10_15-
Bildungsstandards-Deutsch-Primar.pdf [Zugriff: 12.09.2015].

Kultusministerkonferenz(2004b)(Hrsg.).BildungsstandardsimFachDeutsch
für den Hauptschulabschluss. Beschluss vom 15.10.2004. http://www.

kmk.org/fileadmin/veroeffentlichungen_beschluesse/2004/2004_10_15-Bildungsstandards-Deutsch-Haupt.pdf [Zugriff: 12.09.2015].

Kultusministerkonferenz (2004c) (Hrsg.). Bildungsstandards im Fach Deutsch für den Mittleren Schulabschluss. Beschluss vom 4.12.2003. http://www. kmk.org/fileadmin/veroeffentlichungen_beschluesse/2003/2003_12_04-BS-Deutsch-MS.pdf [Zugriff: 12.09.2015].

Kultusministerkonferenz (2006) (Hrsg.). Nationaler Bildungsbericht 2006. Gemeinsame Schlussfolgerungen des Bundesministeriums für Bildung und Forschung und der Ständigen Konferenz der Kultusminister der Länder in der Bundesrepublik Deutschland. Beschluss der Kultusministerkonferenz vom 7.12.2006. http://www.kmk.org/fileadmin/veroeffentlichungen_beschluesse/2006/2006_12_07-Bildungsbericht-2006-national. pdf [Zugriff: 17.09.2015].

Kutscher, Nadia/Klein, Alexandra/Lojewski, Johanna/Schäfer, Miriam (2009): Medienkompetenzförderung für Kinder und Jugendliche in sozial benachteiligten Lebenslagen. Konzept zur inhaltlichen, didaktischen und strukturellen Ausrichtung der medienpädagogischen Praxis in der Kinder- und Jugendarbeit. LfM-Dokumentation Band 36. Herausgegeben von der Landesanstalt für Medien Nordrhein-Westfalen (lfm). Düsseldorf. http:// www.diskutiere.de/diskutiere_wp/wp-content/uploads/lfm_medienkompetenzfoerderung.pdf [Zugriff: 14.10.2015].

Marci-Boehncke, Gudrun/Rath, Matthias (2013): Kinder – Medien – Bildung. Eine Studie zu Medienkompetenz und vernetzter Educational Governance in der Frühen Bildung. München: kopaed.

Marci-Boehncke, Gudrun/Rath, Matthias/Güneşli, Habib (2013): Intercultural Aspects in Media Education. Interkulturelle Aspekte in der Medienbildung – Erfahrungen aus der frühpädagogischen Arbeit mit russischen, türkischen und deutschen Kindern im Projekt KidSmart – Medienkompetent zum Schulübergang. In: The word and the Meaning in the Cross-Cultural Outlook. Sinn und Wort im Schnittpunkt der kulturellen Perspektiven. Moskow – Orenburg – München – Woronesch, S. 208–229.

Medienpädagogischer Forschungsbund Südwest (MPFS) (2015). KIM-Studie 2014. Kinder + Medien, Computer + Internet http://www.mpfs.de/fileadmin/KIM-pdf14/KIM14.pdf [Zugriff: 10.10.2015].

Ministerium für Schule und Weiterbildung des Landes Nordrhein-Westfalen (2013–2015). Schul- und Modellversuche. https://www.schulministerium.nrw.de/docs/Schulsystem/Versuche/index.html [Zugriff: 17.09.2015].

Mogge-Grotjahn, Hildegard (2012). Soziale Inklusion – nur ein Modewort. In: Medien+Erziehung. Thememheft-Nr. 1. Medienpädagogik und Inklusion, 56, S. 12–15.

Özdil, Erkan (2010). Codeswitching im zweisprachigen Handeln: sprachpsychologische Aspekte verbalen Planens in türkisch-deutscher Kommunikation. Münster: Waxmann.

Rath, Matthias/Strehlow, Sarah K. (2015). „Es war spannender als Unterricht". Medienbildung in Bildungskooperation am Beispiel eines Tabletprojekts. In: Friedrich, Katja/Siller, Friederike/Treber, Albert (Hrsg.). smart und mobil. Digitale Kommunikation als Herausforderung für Bildung, Pädagogik und Politik. München: kopaed, S. 145–160.

Rehbein, Jochen (2010). Die Sprachblockade. Ein Plädoyer für Türkisch als Arbeitssprache an der deutschen Schule. In: Grundschule, Nr. 2/2010, 28–30.

Reichert-Garschhammer, Eva (2007). Medienbildung als Aufgabe von Tageseinrichtungen für Kinder bis zur Einschulung. Rückschau – aktueller Stellenwert – Vorschau. In: Theunert, Helga (Hrsg.). Medienkinder von Geburt an: Medienaneignung in den ersten sechs Lebensjahren. München: kopaed, S. 79–90.

Sekretariat der Ständigen Konferenz der Kultusminister der Länder in der Bundesrepublik Deutschland (2012) (Hrsg.). Bildungsstandards im Fach Deutsch für die Allgemeine Hochschulreife. Beschluss der Kultusministerkonferenz vom 18.10.2012. http://www.kmk.org/fileadmin/veroeffentlichungen_beschluesse/2012/2012_10_18-Bildungsstandards-Deutsch-Abi.pdf [Zugriff: 12.09.2015].

Statistisches Bundesamt (2014). Bevölkerung nach Migrationshintergrund. Bevölkerung 2014 nach Migrationshintergrund und Altersgruppen. https://www.destatis.de/DE/ZahlenFakten/GesellschaftStaat/Bevoelkerung/MigrationIntegration/Migrationshintergrund/Tabellen/MigrationshintergrundAlter.html [Zugriff: 14.10.2015].

Theunert, Helga (2008). Interkulturell mit Medien: Die Rolle der Medien für Integration und interkulturelle Verständigung. München: kopaed.

Tulodziecki, Gerhard (1998). Entwicklung von Medienkompetenz als Erziehungs- und Bildungsaufgabe. In: Pädagogische Rundschau, 52 (6), S. 693–709.

Zubiz, Sabrina (2011). Ansatzpunkte zur Förderung eines Verständnisses der spezifisch abendländisch-christlich geprägten Semantik der deutschen Sprache in der Sekundarstufe II. In: Hoffmann, Ludger/ Ekinci-Kocks, Yüksel (Hrsg.) (2011). Sprachdidaktik in mehrsprachigen Lerngruppen. Vermittlungspraxis Deutsch als Zweitsprache. Hohengehren: Schneider.

5. Anhang

1. Sie sind...

○ männlich   ○ weiblich

2. Seit wie vielen Jahren sind Sie schon im Dienst?

○ 1-3 Jahre   ○ 11-15 Jahre
○ 4-6 Jahre   ○ Länger als 15 Jahre
○ 7-10 Jahre

3. Welche Schulform unterrichten Sie?

○ Grundschule   ○ Berufskolleg
○ Sonderschule   ○ Sekundarschule
○ Hauptschule   ○ Gymnasium
○ Realschule   ○ Andere, und zwar:
○ Gesamtschule

4. Wo üben Sie Ihre Tätigkeit als Lehrerin bzw. Lehrer aus? (Mehrfachantwort möglich!)

☐ Auf dem Land   ☐ In einer Mittelstadt (20000 - 100000 Einwohner)

☐ In einer Kleinstadt (5000 - 20000 Einwohner)   ☐ In einer Großstadt (Mehr als 100000 Einwohner)

5. In welchem Bundesland arbeiten Sie?

○ Baden-Württemberg   ○ Niedersachsen
○ Bayern   ○ Nordrhein-Westfalen
○ Berlin   ○ Rheinland-Pfalz
○ Brandenburg   ○ Saarland
○ Bremen   ○ Sachsen
○ Hamburg   ○ Sachsen-Anhalt
○ Hessen   ○ Schleswig-Holstein
○ Mecklenburg-Vorpommern   ○ Thüringen

6. Haben Sie einen migrationsbedingten mehrsprachigen Hintergrund?

○ Ja   ○ Nein

7. Ist Deutsch Ihre Zweitsprache?

○ Ja   ○ Nein

8. Wie viele Sprachen sprechen Sie?

- ○ 1 Sprache
- ○ 2 Sprachen
- ○ 3 Sprachen
- ○ Mehr als 3 Sprachen

9. Würden Sie sich als mehrsprachig bezeichnen?

- ○ Ja
- ○ Nein
- ○ Ich weiß es nicht

10. "Vielsprachigkeit ist dasselbe wie Mehrsprachigkeit." Sind Sie mit dieser Aussage einverstanden?

- ○ Ja
- ○ Nein
- ○ Ich weiß es nicht

11. Finden Sie die Schullehrwerke für den Unterricht mit mehrsprachigen SuS geeignet?

- ○ Ja
- ○ Nein
- ○ Ich bin unentschlossen

12. Nimmt die Unterrichtsvorbereitung für mehrsprachige SuS übermäßig Zeit in Anspruch?

- ○ Ja
- ○ Ja, aber das gehört zu meinem Beruf
- ○ Nein, mein Unterricht ist nicht speziell an sprachlich heterogene SuS gerichtet
- ○ Nein

13. Empfinden Sie die Vorbereitung auf diesen Unterricht als mühevoll? (1= Ja, sehr; 4= Nein, gar nicht)

○	○	○	○
Ja, sehr	Ja	Nein	Nein, gar nicht

14. Wurden Sie im Studium auf den Unterricht mit mehrsprachigen SuS vorbereitet?

- ○ Ja
- ○ Ja, aber nicht ausreichend und nicht effektiv
- ○ Ja, aber nicht praktisch nützlich
- ○ Nein, ich habe mir mein Wissen autodidaktisch angeeignet
- ○ Nein

15. Fühlen Sie sich durch die Realität der Mehrsprachigkeit Ihrer Schule in Ihrer Profession eher überlastet oder überfordert?

- ○ Ja, überlastet
- ○ Ja, überfordert
- ○ Ja, beides
- ○ Nein

16. Fühlen Sie sich aktuell ausreichend gut vorbereitet für den Unterricht mit mehrsprachigen Lern(er)gruppen?

- ○ Ja
- ○ Nein
- ○ Ich kann das nicht einschätzen

17. Fühlen Sie sich hinsichtlich des Unterrichts mit mehrsprachigen SuS alleine gelassen?

- ○ Ja
- ○ Nein
- ○ Ich weiß es nicht

122

Die migrationsbedingt mehrsprachige Schülerschaft

18. Wie hoch ist der migrationsbedingte mehrsprachige Anteil der SuS in Ihrer Schule? (1= sehr gering; 5= sehr hoch)

sehr gering	gering	durchschnittlich	hoch	sehr hoch
○	○	○	○	○

19. Wie viele migrationsbedingt mehrsprachige SuS haben Sie in Ihrer Lern(er)gruppe?

○ Keine	○ 11-15
○ 1-5	○ 16-19
○ 6-10	○ 20 und mehr

20. Welche dieser Sprachen sind in Ihrer Lern(er)gruppe vertreten? (Mehrfachantwort möglich!)

○ Albanisch	○ Kroatisch
○ Afghanisch	○ Kurdisch
○ Armenisch	○ Persisch
○ Eine afrikanische Sprache	○ Polnisch
○ Arabisch	○ Portugisisch
○ Bosnisch	○ Rumänisch
○ Bulgarisch	○ Russisch
○ Chinesisch	○ Serbisch
○ Englisch	○ Spanisch
○ Französisch	○ Tamil
○ Griechisch	○ Türkisch
○ Hebräisch	○ Keine dieser Sprachen
○ Italienisch	○ Andere, und zwar:
○ Japanisch	
○ Kasachisch	

21. Wie schätzen Sie die Sprachkenntnisse Ihrer migrationsbedingt mehrsprachigen weiblichen SuS in ihrer Erstsprache ein? (1= sehr gut; 6= ungenügend)

sehr gut	gut	befriedigend	ausreichend	mangelhaft	ungenügend
○	○	○	○	○	○

22. Wie schätzen Sie die Sprachkenntnisse Ihrer migrationsbedingt mehrsprachigen männlichen SuS in ihrer Erstsprache ein? (1= sehr gut; 6= ungenügend)

sehr gut	gut	befriedigend	ausreichend	mangelhaft	ungenügend
○	○	○	○	○	○

23. Welchen Notendurchschnitt erreichen Ihre migrationsbedingt mehrsprachigen weiblichen SuS im Fach Deutsch? (1= sehr gut; 6= ungenügend)

○ sehr gut	○ mangelhaft
○ gut	○ ungenügend
○ befriedigend	○ Das ist mir nicht bekannt
○ ausreichend	

24. Welchen Notendurchschnitt erreichen Ihre migrationsbedingt mehrsprachigen männlichen SuS im Fach Deutsch? (1= sehr gut; 6= ungenügend)

sehr gut	gut	befriedigend	ausreichend	mangelhaft	ungenügend	Das ist mir nicht bekannt
○	○	○	○	○	○	○

123

25. In welchen Schulfächern zeigen die migrationsbedingt mehrsprachigen weiblichen SuS besonders gute Leistungen? (Mehrfachantwort möglich!)

- Mathematisch-Naturwissenschaftliche Fächer
- Musisch-Künstlerische Fächer
- Im Fach Sport
- Sprachlich-Literarische Fächer
- Gesellschaftswissenschaftliche Fächer
- Das ist mir nicht bekannt

26. In welchen Schulfächern zeigen die migrationsbedingt mehrsprachigen männlichen SuS besonders gute Leistungen? (Mehrfachantwort möglich!)

- Mathematisch-Naturwissenschaftliche Fächer
- Musisch-Künstlerische Fächer
- Im Fach Sport
- Sprachlich-Literarische Fächer
- Gesellschaftswissenschaftliche Fächer
- Das ist mir nicht bekannt

27. Welche kommunikativen Basiskompetenzen bereiten Ihren migrationsbedingt mehrsprachigen weiblichen SuS die größten Schwierigkeiten? (Mehrfachantwort möglich!)

- Hörverstehen
- Leseverstehen
- Sprechen
- Schreiben
- Ich weiß es nicht

28. Welche kommunikativen Basiskompetenzen bereiten Ihren migrationsbedingt mehrsprachigen männlichen SuS die größten Schwierigkeiten? (Mehrfachantwort möglich!)

- Hörverstehen
- Leseverstehen
- Sprechen
- Schreiben
- Ich weiß es nicht

29. Welche Sprache sprechen Ihre migrationsbedingt mehrsprachigen SuS mit ihren Eltern?

- Erstsprache
- Zweitsprache Deutsch
- Sie wechseln zwischen beiden Sprachen
- Sie wechseln zwischen mehreren Sprachen
- Das ist mir nicht bekannt
- Eine andere Sprache, und zwar:

30. Welche Sprache sprechen Ihre migrationsbedingt mehrsprachigen SuS mit ihren Geschwistern?

- Erstsprache
- Zweitsprache Deutsch
- Sie wechseln zwischen beiden Sprachen
- Sie wechseln zwischen mehreren Sprachen
- Das ist mir nicht bekannt
- Eine andere Sprache, und zwar:

31. Welche Sprache sprechen Ihre migrationsbedingt mehrsprachigen SuS in ihrer Peergroup?

- ○ Erstsprache
- ○ Zweitsprache Deutsch
- ○ Sie wechseln zwischen beiden Sprachen
- ○ Sie wechseln zwischen mehreren Sprachen

- ○ Das ist mir nicht bekannt
- ○ Eine andere Sprache, und zwar:

---

32. Bereitet Ihren migrationsbedingt mehrsprachigen SuS das Erfassen von Sachverhalten und Texten auf Deutsch Schwierigkeiten? (1= Ja, sehr große; 4= Nein, gar nicht)

Ja, sehr große	Ja	Kaum	Nein, gar nicht
○	○	○	○

---

33. Sind die Ressourcen Ihrer migrationsbedingt mehrsprachigen SuS in ihrer Erstsprache (L1) größer als in ihrer Zweitsprache Deutsch (L2)?

- ○ Ja
- ○ Nein
- ○ Größer in L2

- ○ Weder in ihrer L1 noch in ihrer L2
- ○ Ich weiß es nicht

---

34. Welche Sprache dient als Lückenfüller im mentalen Lexikon ihrer migrationsbedingt mehrsprachigen SuS in Ihrem Unterricht?

- ○ Erstsprache (L1)
- ○ Zweitsprache Deutsch (L2)
- ○ Sowohl die L1 als auch die L2

- ○ Ich weiß es nicht
- ○ Eine andere Sprache, und zwar:

---

35. Finden die mehrsprachige Lebenswirklichkeiten Ihrer migrationsbedingt mehrsprachigen SuS in den vorliegenden Lehrwerken ausreichend Geltung?

- ○ Ja
- ○ Nein

- ○ Nein, das muss sich ändern

Herkunftssprachenunterricht (Muttersprachenunterricht)

36. Wird an Ihrer Schule für migrationsbedingt mehrsprachige SuS Herkunftssprachenunterricht angeboten? (Falls "Nein" oder "Das ist mir nicht bekannt", dann fahren Sie bitte mit der Frage 44 fort).

- ○ Ja
- ○ Nein

- ○ Das ist mir nicht bekannt

---

37. Zu welchen Unterrichtszeiten findet der Herkunftssprachenunterricht in Ihrer Schule statt?

- ○ Vormittags
- ○ Nachmittags

- ○ Das ist mir nicht bekannt

---

38. Wie hoch fällt die Teilnahme der migrationsbedingt mehrsprachigen SuS an diesem Angebot aus?

- ○ sehr gering
- ○ gering
- ○ durchschnittlich

- ○ hoch
- ○ sehr hoch
- ○ Das ist mir nicht bekannt

---

39. Besuchen Ihre migrationsbedingt mehrsprachigen SuS den Herkunftssprachenunterricht gerne?

- ○ Ja
- ○ Nein

- ○ Das ist mir nicht bekannt

---

40. Wie viele Schulstunden die Woche erhalten die migrationsbedingt mehrsprachigen SuS Unterricht in Ihrer Erstsprache?

- ○ 1 Schulstunde
- ○ 2 Schulstunden
- ○ 3 Schulstunden

- ○ Mehr als drei Schulstunden
- ○ Das ist mir nicht bekannt

125

41. Findet der Herkunftssprachenunterricht parallel zum Religionsunterricht statt?

○ Ja   ○ Das ist mir nicht bekannt
○ Nein

42. Wird der Herkunftssprachenunterricht in den üblichen Unterrichtsräumen oder in separaten Ausweichräumlichkeiten abgehalten?

○ Ja, in den üblichen Unterrichtsräumen   ○ Das ist mir nicht bekannt
○ Nein, in der Schulbibliothek   ○ Nein, und zwar:
○ Nein, im AG-Raum

43. Findet bei thematischen und inhaltlichen Übereinstimmungen fächerübergreifend eine Kooperation mit dem Herkunftssprachenunterricht statt?

○ Ja   ○ Nein, aber eine Kooperation ist erwünscht
○ Nein   ○ Das ist mir nicht bekannt

44. (Sie haben die Frage 36 mit "Nein" oder "Das ist mir icht bekannt" beantwortet und fahren deshalb mit der Frage 44 fort):
Falls Ihre Schule keinen Herkunftssprachenunterricht anbietet. Macht sie den migrationsbedingt mehrsprachigen SuS auf Angebote an Nachbarschulen aufmerksam?

○ Ja   ○ Unsere Nachbarschulen bieten keinen Herkunftssprachenunterricht an
○ Nein   ○ Das ist mir nicht bekannt

45. Halten Sie den Herkunftssprachenunterricht für sinnvoll?

○ Ja   ○ Ich bin unentschlossen
○ Nein

46. Finden/Fänden Sie den Herkunftssprachenunterricht für Ihre migrationsbedingt mehrsprachigen SuS förderlich?

○ Ja   ○ Ich weiß es nicht
○ Nein

47. Sollte die Note im Herkunftssprachenunterricht versetzungsrelevant sein?

○ Ja   ○ Ich bin unentschlossen
○ Nein

48. Wie schätzen Sie die Effektivität des Herkunftssprachenunterrichts (HSU) ein?

○ Der HSU zeigt Effekte   ○ Ich halte ihn weder für effektiv noch für ineffektiv
○ Der HSU zeigt keine sichtbaren Effekte   ○ Ich habe mit dem HSU bisher keine Erfahrungen gemacht

126

Mehrsprachigkeit und Unterricht

49. Ist in Ihrer Schule Deutsch als Zweitsprache (DaZ) für SuS mit einem mehrsprachigen Hintergrund vorgesehen?

○ Ja   ○ Das ist mir nicht bekannt
○ Nein

50. Halten Sie bilingualen Unterricht für sinnvoll?

○ Ja   ○ Ich bin unentschlossen
○ Nein

51. Halten Sie bilingualen Unterricht für förderlich?

○ Ja   ○ Ich bin unentschlossen
○ Nein

52. Sehen Sie die Migrantensprachen als Teil der Unterrichtssprache an?

○ Ja   ○ Nicht alle, sondern nur:
○ Nein
○ Ich habe mir bisher keine Gedanken dazu
   gemacht

53. Welche dieser Sprachen finden in Ihrem Unterricht Einsatz? (Mehrfachantwort möglich!)

☐ Albanisch	☐ Kroatisch
☐ Afghanisch	☐ Kurdisch
☐ Armenisch	☐ Persisch
☐ Eine afrikanische Sprache	☐ Polnisch
☐ Arabisch	☐ Portugisisch
☐ Bosnisch	☐ Rumänisch
☐ Bulgarisch	☐ Russisch
☐ Chinesisch	☐ Serbisch
☐ Englisch	☐ Spanisch
☐ Französisch	☐ Tamil
☐ Griechisch	☐ Türkisch
☐ Hebräisch	☐ Keine dieser Sprachen
☐ Italienisch	☐ Andere, und zwar:
☐ Japanisch	
☐ Kasachisch	

54. Warum sollten Migrantensprachen im Unterricht Anwendung finden? (Bitte max. 5 Stichpunkte!)

55. Warum sollten Migrantensprachen im Unterricht keine Anwendung finden? (Bitte max. 5 Stichpunkte!)

56. In welchen Sozialformen kommen die Erstsprachen der migrationsbedingt mehrsprachigen SuS zum Einsatz? (Mehrfachantwort möglich!)

- ○ Einzelarbeit
- ○ Partnerarbeit
- ○ Gruppenarbeit

- ○ Schülervortrag
- ○ Frontalunterricht
- ○ Sie kommen nicht zum Einsatz

57. Fungieren migrationsbedingt mehrsprachige SuS im Hinblick auf ihre Kompetenzen in ihrer Erstsprache als Experten, wenn die Unterrichtssituation es erfordert bzw. erlaubt?

- ○ Ja
- ○ Nein

58. Sprechen mehrsprachige SuS Ihrer Schule auf dem Schulhof oder im Klassenraum ihre Erstsprache?

- ○ Ja
- ○ Nein

- ○ Das ist mir nicht bekannt

59. Wann sprechen Ihre migrationsbedingt mehrsprachigen SuS ihre Erstsprache? (Mehrfachantwort möglich!)

- ○ Wenn sie die Zweitsprache Deutsch kaum beherrschen
- ○ Wenn sie über einen geringen Wortschatz in der Zweitsprache Deutsch verfügen
- ○ Wenn sie unter ihres Gleichen sind
- ○ Wenn sie etwas erzählen
- ○ Wenn sie Witze erzählen
- ○ Wenn sie zählen
- ○ Wenn sie rechnen
- ○ Wenn sie verärgert sind

- ○ Wenn sie gut gelaunt sind
- ○ Wenn sie singen
- ○ Wenn sie über Filme sprechen
- ○ Wenn sie über Ereignisse in ihrem Herkunftsland sprechen
- ○ Gar nicht
- ○ Ich weiß es nicht
- ○ Sonstiges, und zwar:

60. Erfolgt der Sprachförderunterricht für Ihre SuS additiv oder integrativ?

- ○ Ja, additiv
- ○ Ja, integrativ

- ○ Weder additiv noch integrativ
- ○ Das ist mir nicht bekannt

61. Wünschen Sie sich eine Förderung der Mehrsprachigkeit der SuS in den Schulen?

- ○ Ja
- ○ Nein

- ○ Ich bin unentschlossen

128

62. Falls ja: In welchem Rahmen wünschen Sie sich die Förderung der Mehrsprachigkeit Ihrer SuS? (Mehrfachantwort möglich!)

- Ergänzungsunterricht
- Parallel zum Religionsunterricht
- Extra Stunden
- Nachmittags
- In Form von AG's
- Im offenen Ganztag
- Sonstiges, und zwar:

63. Ab wann ist es wichtig, die Mehrsprachigkeit der SuS zu fördern? (Mehrfachantwort möglich!)

- Elementarbereich
- Primarstufe 1-2
- Primarstufe 3-4
- Sekundarstufe I 5-6
- Sekundarstufe I 7-9
- Sekundarstufe II

64. Wie viele Schulstunden die Woche Förderung der Mehrsprachigkeit empfehlen Sie?

- 1-3 Schulstunden
- 3-5 Schulstunden
- Sonstiges, und zwar:

65. Werden Informationsmaterialien und Einladungsschreiben an Eltern mit wenig Kenntnissen der deutschen Sprache in ihrer Herkunftssprache zur Verfügung gestellt?

- Ja
- Ja, je nach Bedarf
- Nein, die Eltern beherrschen die deutsche Sprache
- Nein, die Eltern sollen die deutsche Sprache lernen
- Nein
- Das ist mir nicht bekannt

Migrantensprachen als Wahl- bzw. Wahlpflichtfach

66. Werden Ihren SuS Migrantensprachen als Wahl- bzw. Wahlpflichtfach angeboten?

- Ja, in der 1. Klasse
- Ja, in der 2. Klasse
- Ja, in der 3. Klasse
- Ja, in der 4. Klasse
- Ja, in der 5. Klasse
- Ja, in der 6. Klasse
- Ja, in der 7. Klasse
- Ja, in der 8. Klasse
- Ja, in der 9. Klasse
- Ja, in Oberstufe
- Nein

67. Falls ja: Um welche Migrantensprachen handelt es sich hierbei? (Mehrfachantwort möglich!)

- Albanisch
- Afghanisch
- Armenisch
- Eine afrikanische Sprache
- Arabisch
- Bosnisch
- Bulgarisch
- Chinesisch
- Englisch
- Französisch
- Griechisch
- Hebräisch
- Italienisch
- Japanisch
- Kasachisch
- Kroatisch
- Kurdisch
- Persisch
- Polnisch
- Portugisisch
- Rumänisch
- Russisch
- Serbisch
- Spanisch
- Tamil
- Türkisch
- Keine dieser Sprachen
- Andere, und zwar:

68. Werden Ihren SuS Migrantensprachen auch als Abiturfach angeboten?

○ Ja   ○ Das ist mir nicht bekannt
○ Nein

69. Falls ja: Welche Migrantensprachen können die SuS als Abiturfach wählen? (Mehrfachantwort möglich!)

○ Albanisch   ○ Kroatisch
○ Afghanisch   ○ Kurdisch
○ Armenisch   ○ Persisch
○ Eine afrikanische Sprache   ○ Polnisch
○ Arabisch   ○ Portugisisch
○ Bosnisch   ○ Rumänisch
○ Bulgarisch   ○ Russisch
○ Chinesisch   ○ Serbisch
○ Englisch   ○ Spanisch
○ Französisch   ○ Tamil
○ Griechisch   ○ Türkisch
○ Hebräisch   ○ Keine dieser Sprachen
○ Italienisch   ○ Andere Sprache, und zwar:
○ Japanisch
○ Kasachisch

70. Ist das Interesse Ihrer migrationsbedingt mehrsprachigen SuS für die Migratensprachen als Wahl- bzw. Wahlpflichtfach groß?

○ Ja   ○ Ich weiß es nicht
○ Nein

71. Ist das Interesse Ihrer SuS mit Migrations-, aber keinem mehrsprachigen Hintergrund für die Migratensprachen als Wahl- bzw. Wahlpflichtfach groß?

○ Ja   ○ Ich weiß es nicht
○ Nein

72. Ist das Interesse Ihrer SuS ohne Migrations-, dafür aber einem mehrsprachigen Hintergrund für die Migratensprachen als Wahl- bzw. Wahlpflichtfach groß?

○ Ja   ○ Ich weiß es nicht
○ Nein

73. Ist das Interesse Ihrer SuS ohne migrationsbedingtem mehrsprachigen Hintergrund für die Migratensprachen als Wahl- bzw. Wahlpflichtfach groß?

○ Ja   ○ Ich weiß es nicht
○ Nein

130

(Digitale) Medien und Unterricht

74. Würde der Einsatz digitaler Medien den Unterricht mit sprachlich heterogenen Lern(er)gruppen unterstützen?

○ Ja

○ Nein

○ Ich habe bisher keine Erfahrungen mit digitalen Medien im Unterricht gemacht

75. Können digitale Medien die Entwicklung und Festigung von Mehrsprachigkeit unterstützen?

○ Ja

○ Nein

○ Ich bin unentschlossen

76. Finden interkulturelle Kinder- und Jugendbücher (IKKJ-Bücher) von Ihnen im Unterricht Einsatz?

○ Ja

○ Nein

○ Uns stehen keine IKKJ-Bücher zur Verfügung

77. Finden interkulturelle Kinder- und Jugendhörbücher/-spiele (IKKJ-Hörbücher/-spiele) von Ihnen im Unterricht Einsatz?

○ Ja

○ Nein

○ Uns stehen keine IKKJ-Hörbücher/-spiele zur Verfügung

78. Verfügt Ihre Schule über eine Bibliothek mit mehrsprachigen "Inhalten"?

○ Ja

○ Nein

○ Wir haben keine Schulbibliothek

○ Das ist mir nicht bekannt

79. Falls ja: Besteht für Ihre SuS die Möglichkeit, diese mehrsprachigen "Inhalte" auszuleihen?

○ Ja

○ Nein

○ Das ist mir nicht bekannt

80. Sind in Ihrer Schule Computer, Laptop oder Tablet PC vorhanden, die Ihre SuS eigenständig oder in Begleitung zum Sprachenlernen mit Sprachlernprogrammen nutzen können?

○ Ja, sie nutzen diese eigenständig

○ Ja, sie nutzen diese in meiner Begleitung

○ Ja, sie nutzen diese in Begleitung älterer SuS

○ Ja, aber diese werden nicht zum Sprachenlernen mit Sprachlernprogrammen genutzt

○ Ja, aber diese werden nicht genutzt

○ Nein, wir besitzen diese Medien nicht

81. Finden interkulturelle-literarische Medien- und Heldenfiguren in Ihrem Unterricht Einsatz?

○ Ja

○ Nein

82. Welche Unterrichtsmedien werden auch in anderen Sprachen als in Deutsch gestaltet? (Mehrfachantwort möglich!)

○ Arbeitsblätter

○ Schulbücher

○ Präsentationen

○ Tafelaufschriebe

○ Whiteboards

○ Keine

○ Andere, und zwar:

131

Schluss und Ausblick

83. Nehmen Sie an Fortbildungen bezüglich Deutsch als Zweitsprache (DaZ) teil?

○ Ja

○ Ja, regelmäßig

○ Ja, aber ich halte wenig davon

○ Nein

○ Ich habe bisher an keiner DaZ-Fortbildung teilgenommen

84. Wünschen Sie sich eine größere Anzahl an Fort- und Weiterbildungsangeboten bezüglich Deutsch als Zweitsprache (DaZ)?

○ Ja

○ Nein

○ Ich bin unentschlossen

85. Würde es Ihre Teilnahme erleichtern, wenn diese Fort- und Weiterbildungen an Ihrer Schule angeboten würden?

○ Ja

○ Nein

86. Wünschen Sie sich mehr Unterstützung und Zusammenarbeit von und mit Ihren KollegInnen bezüglich des Unterrichts in und mit sprachlich heterogenen Lern(er)gruppen?

○ Ja

○ Nein

87. Wäre ein Materialien-Pool mit Best-Practice-Beispielen von KollegInnen Ihrer und anderer Schulen zur Wortschatz- und Grammatikvermittlung in Ihrem Interesse?

○ Ja

○ Nein

88. Wäre ein Materialien-Pool mit Best-Practice-Beispielen von KollegInnen Ihrer und anderer Schulen für den Fachunterricht in Ihrem Interesse?

○ Ja

○ Nein

89. Welche Sprachen sollten Ihrer Meinung nach im Rahmen der EU-Sprachpolitik gefördert werden? (Mehrfachantwort möglich!)

○ Albanisch
○ Afghanisch
○ Armenisch
○ Eine afrikanische Sprache
○ Arabisch
○ Bosnisch
○ Bulgarisch
○ Chinesisch
○ Englisch
○ Französisch
○ Griechisch
○ Hebräisch
○ Italienisch
○ Japanisch
○ Kasachisch

○ Kroatisch
○ Kurdisch
○ Persisch
○ Polnisch
○ Portugisisch
○ Rumänisch
○ Russisch
○ Serbisch
○ Spanisch
○ Tamil
○ Türkisch
○ Keine dieser Sprachen
○ Andere, und zwar:

132

90. Welche Note geben Sie Ihrer Schule hinsichtlich der Bemühungen und Fortschritte beim Thema "Mehrsprachigkeit" insgesamt? (1= sehr gut; 6= ungenügend)

sehr gut	gut	befriedigend	ausreichend	mangelhaft	ungenügend
○	○	○	○	○	○

91. Welche Neuerungen wünschen Sie sich bei der Entwicklung von neuen Lehr- und Lernmaterialien für einen mehrsprachigen Unterricht? (Bitte max. 5 Stichpunkte!)

92. Möchten Sie noch etwas hinzufügen? Hier haben Sie die Gelegenheit. (Antworten Sie bitte in Stichpunkten!)

Vielen Dank für Ihre Mitarbeit!

Abschicken   Eingabe loeschen

Autor des Fragebogens: Prof. Dr. Yüksel Ekinci I Habib Günesli M. Ed.
eMail: yueksel.ekinci-kocks@fh-bielefeld.de I habib.guenesli@tu-dortmund.de
Institution: FH Bielefeld I TU Dortmund
Dieses Formular wurde mit GrafStat (Ausgabe 2014 / Ver 4.310) erzeugt.
Ein Programm v. Uwe W. Diener 11/2014.
Informationen zu GrafStat: http://www.grafstat.de

133

www.ingramcontent.com/pod-product-compliance
Lightning Source LLC
Chambersburg PA
CBHW030246100426
42812CB00002B/333